E_{DITION} W

Tadeusz Borowski

Willkommen in Auschwitz

Erzählungen

Augewählt und übersetzt
von Artur Becker

Mehr über unsere AutorInnen und Bücher:
www.edition-w.de

Die Deutsche Nationalbibliothek verzeichnet diese Publikation in
der Deutschen Nationalbibliografie; detaillierte bibliografische Daten
sind im Internet über http://dnb.d-nb.de abrufbar.

ISBN 978-3-949671-07-4
© Edition W GmbH, Frankfurt/ Main 2023
Umschlaggestaltung: Michaela Spohn Design
Satz: Publikations Atelier, Dreieich
Druck und Bindung: Pustet, Regensburg
Printed in Germany

Inhalt

Artur Becker
Der unglückliche Liebhaber Nr. 119198
Ein Vorwort

»Eisenschrott wird lediglich
von uns allen zurückbleiben –
Und das ohrenbetäubende, spöttische Gelächter
der Generationen«
Aus dem Gedicht »Lied« von Tadeusz Borowski

Der polnische Lyriker, Prosaist und Feuilletonist Tadeusz Borowski (1922 – 1951) überlebte drei Konzentrationslager: Auschwitz, Dautmergen-Natzweiler und Dachau. Sein Leben beendete er mit dem Selbstmord, nur wenige Tage nach der Geburt seiner Tochter. Den Gaskammern der Nazis war er entkommen, aber für seinen Suizid wählte er trotzdem das Gas, das er in seiner Warschauer Wohnung aufgedreht hatte. Was ihn zu seinem Suizid veranlasst haben mag, sorgt bis heute für Spekulationen. Die Enttäuschung über den Kommunismus? Eine unglückliche Liebe (er war wieder verliebt)? War er als stalinistischer Schriftsteller und Propagandist am Ende? Oder haben ihn die Erinnerungen an die Hölle des Vernichtungslagers Auschwitz in den Tod getrieben?

Im polnischen Bartoszyce, wo ich in den Siebzigerjahren zur Schule gegangen bin, war Borowski auch bei uns zu Hause

Pflichtlektüre. Eine populäre Auswahl seiner Erzählungen aus den beiden Prosabänden »Der Abschied von Maria« (1947) und »Die steinerne Welt« (1948) sowie aus seiner Lyrik stand in der Bibliothek meiner Mutter, einer in unserem Städtchen bekannten Polonistin, in guter Nachbarschaft, nämlich zusammen mit anderen Büchern der Literaten, die über die Schrecken der deutschen Okkupation und ihrer Folgen in Polen geschrieben haben: Zofia Nałkowska in ihren »Medaillons«, Roman Bratny in seinem Generationsroman »Kolumbus Jahrgang 20«, Jerzy Andrzejewski in seinem phänomenalen Nachkriegsroman »Asche und Diamant«, Tadeusz Różewicz in seinem Gedicht »Der Gerettete« und in anderen Gedichten, Krzysztof Kamil Baczyński in seiner Kriegslyrik oder Seweryna Szmaglewska in ihrem literarischen Bericht »Rauch über Birkenau«.

Aber die Titel der Geschichten von Borowski machten mir, damals einem Jungen von dreizehn Jahren, Angst: »Willkommen in Auschwitz« oder »Meine Damen und Herren, zum Gas bitte« klangen bedrohlich, wussten wir doch alle, dass dieser Ort im Zweiten Weltkrieg die Hölle auf Erden gewesen war, obwohl er, nach 1945 in »Staatliches Museum Auschwitz-Birkenau« umbenannt, in der Nähe einer der schönsten Renaissancestädte Europas liegt, nämlich bei Krakau. Ich komme aus Ermland und Masuren, unser KZ-Museum, das wir im Norden gut kennen, heißt Stutthof. Aber nach Oświęcim fuhren auch wir aus dem hohen Norden, vornehmlich bei diversen Ausflügen von Betrieben und Schulen. Borowski war jedenfalls Schullektüre und ein literarischer Held der jungen Generation wie Baczyński, der ungemein talentierte Dichter, der wie seine große Liebe Basia im Warschauer Aufstand gefallen war. Ich spreche hier von einer tragischen Dichtergeneration, den um 1920 Geborenen, die wie Baczyński oder Borowski durch die Apokalypse der Okkupation, des deutschen Terrors auf polnischem Boden, gehen mussten.

In der Bibliothek meiner Mutter fehlte bloß ein Name, aber er war uns auch bekannt und wir lasen ihn – vor allem nach der Wende: Gustaw Herling-Grudziński. Er gehörte ebenso zu Borowskis Generation und schrieb ein ganz anderes Lagerzeugnis: »Welt ohne Erbarmen«, erschienen 1951. Hier schildert er seine Gulag-Lagererlebnisse, das andere Böse, das jedoch seinen Ursprung in einem totalitären und ideologisierten Staat hat. Herling-Grudziński, der nach 1945 Emigrant und »Kosmopole« in Neapel wurde und erst 2000 starb, hatte allerdings ganz anders als Borowski den stalinistisch-sowjetischen Totalitarismus von Anfang an durchschaut und sich auf eine Liaison mit ihm nicht eingelassen.

Borowskis Leben wäre vermutlich ganz anders verlaufen, wenn er nach dem Zweiten Weltkrieg im Westen geblieben wäre, lebte er doch als ehemaliger KZ-Dachau-Häftling bis Mai 1946 in München, zwar zunächst wieder in einem Lager als eine sogenannte »Displaced Person« (wie im Übrigen auch meine polnischen Großeltern mütterlicherseits bei Hannover), aber nach Polen hätte er nicht zurückkehren müssen. Er schrieb in München Prosa und Lyrik und blickte auf den Straßen in die Gesichter der Deutschen und begriff nicht, warum sie noch am Leben waren und warum München weitgehend unzerstört geblieben war – während noch vor kurzem jeder dieser Passanten, egal ob Arbeiter oder Adliger, eine Bestie in der schwarzen Uniform mit einem Totenkopf auf der Schirmmütze gewesen sein konnte, die »Untermenschen« ermordet hatte.

Borowski und Różewicz, die beiden gnadenlosen Zerstörer polnischer Nationalmythen, welche die Überlebenden im Kontext von Heldentum oder Patriotismus auf ein heiliges Piedestal erhoben, bemühten sich nach 1945 in der Tat um eine Ausreise. Heute kann man es sich kaum vorstellen, aber Borowski wollte in den USA sein Glück versuchen, wissen wir doch, dass aus dem jungen Dichter, der 1942 mit Gedichten »Überall auf Erden« debütierte und sich dann der Prosa widmete, Ende der Vierzigerjahre ein unerschrockener, zynisch-nihilistischer Feuilletonist im Dienste der kommunistischen Partei geworden war.

***

Tadeusz Borowski kam am 12. November 1922 in Schytomyr in der Ukraine zur Welt. Er hatte einen vier Jahre älteren Bruder, und die Eltern der beiden wurden von den Sowjets inhaftiert und verschleppt: der Vater Stanisław 1926 an die Grenze zu Finnland, und zwar aufgrund seiner Zugehörigkeit zu einer polnischen Militärorganisation, die Mutter Teofila 1930 nach Sibirien. Man könnte sagen, dass die Lagererfahrung in Borowskis Familie eine Art roter Faden ist, als hätte sich das Schicksal vorgenommen, den jüngsten Sohn auf die Gefangenschaft in den deutschen Konzentrationslagern vorzubereiten. Über Kiew und Moskau kamen die beiden Jungen 1932 nach Polen zurück, wobei der Vater dank eines Gefangenenaustauschs an der Grenze zu Polen zu seinen Söhnen dazustoßen konnte; die Mutter durfte, was das Rote Kreuz ermöglichte, erst zwei Jahre später Sibirien verlassen und zu ihrer Familie zurückkehren.

In Warschau fing Borowski nach dem Abitur im Jahre 1940 an, Polonistik zu studieren: natürlich im sogenannten Untergrundunterricht. Im Studium lernte er auch Maria Rundo kennen, die er nach dem Krieg in seiner berühmten Erzählung verewigen sollte. Er arbeitete als Nachtwächter in einem Lager mit Baumaterialien und Heizstoffen, das auch an seine kleine Wohnung grenzte, in der sich junge Literaten trafen. 165 Exemplare seines ersten Gedichtbandes kopierte er 1942 per Hand auf einem Vervielfältiger, den man zum Drucken von Blättern mit kostbaren und von den Nazis verbotenen Informationen für die Warschauer benutzte.

Am 23. Februar 1943 wurde Borowski von der Gestapo verhaftet. Er befand sich in der Wohnung von Freunden und suchte nach seiner Verlobten Maria, die Opfer einer Straßenrazzia geworden war – in Warschau ein alltäglicher Terror, dem man nur mit Glück entgehen konnte.

Nach Auschwitz folgten die Gefangenschaften in den Lagern Dautmergen-Natzweiler und Dachau, wobei er nach der Beendigung des Krieges, wie schon gesagt, ins Lager für die sogenannten »Dipisi« (so im Polnischen für »displaced persons«) kam, wo er bis September 1945 verblieb. Nach seiner Entlassung wohnte er in München und im Frühling 1946 beschloss er, vor allem wegen seiner literarischen Karriere, nach Polen zurückzukehren. Er wurde mit seinen Erzählungen schnell erfolgreich, arbeitete mit verschiedenen Zeitschriften und Redaktionen zusammen, in erster Linie aber engagierte er sich feuilletonistisch für die Propaganda der Kommunistischen Partei, der er 1948 beitrat. Er arbeitete auch in Berlin – als polnischer Kulturreferent, doch in Wahrheit war er bloß ein Mitarbeiter im Dienst des polnischen Militärnachrichtendienstes.

Borowskis Liebegeschichte benötigte normalerweise viel mehr Platz, ich muss mich hier kurz fassen: Seine Verlobte Maria Rundo, die das Pawiak-Gefängnis in Warschau und die Lager Auschwitz und Ravensbrück überlebt hatte, konnte er schließlich nach ihrer Rückkehr aus Schweden heiraten – und 1951 wurde ihre gemeinsame Tochter geboren. Er hatte Maria, nachdem er sie dank der Unterstützung durch das Rote Kreuz in Schweden gefunden hatte, in seinen Briefen angefleht, mit ihm zusammen nach Polen zurückzukehren. Die Sehnsucht nach seiner Heimat und der polnischen Literatur und Sprache hatte schließlich gesiegt. Doch bis heute wissen wir nicht, in wen er sich – vermutlich unglücklich –, während Maria schwanger war, verliebt hatte. Etwa in Joanna Broniewska-Kozicka, die attraktive Filmemacherin und Tochter des legendären polnischen Dichters und Soldaten Władysław Broniewski, der mit seiner Lyrik dem polnischen Proletariat, der polnischen Armee und dem sozialistischen Realismus ein Denkmal gesetzt hatte? Es sind dies dumme Spekulationen, heißt es in Polen dazu, die niemals Klarheit bringen. Joanna Broniewska-Kozicka beging jedenfalls ebenfalls Selbstmord, und zwar auf dieselbe Art wie Borowski. Sie erstickte sich 1954 mit Gas, weil sie unglücklich in Bohdan Czeszko, einen ziemlich mittelmäßigen und parteikonformen Schriftsteller, einen Schürzenjäger und Alkoholiker, verliebt war, dessen Name und Werk heute mehr oder weniger in Vergessenheit geraten sind.

**

Wohl eines der scharfsinnigsten Porträts des jungen Schriftstellers Borowski schrieb Czesław Miłosz in seinem Essay »Verführtes Denken« (1953). In diesem Buch porträtiert er vier Intellektuelle und Dichter, die verschiedene Methode entwickelten, um mit dem Stalinismus fertig zu werden, wobei Tadeusz Borowski unter dem symbolischen Namen »Beta« figuriert.

Miłosz traf Borowski das erste Mal 1942 und begegnete einem schüchternen, jungen, intelligenten Mann. Er traf ihn erneut nach dessen Metamorphose – nach seiner Rückkehr 1946 aus München nach Warschau –, wo er schon als der Autor der berühmten Erzählungen aus Auschwitz galt. Und da begegnete er einem Homo politicus, einem selbstsicheren Mann, einem erfolgsverwöhnten Idol der Literaturszene, das ein Maskottchen der Kommunisten geworden war und dem man seinen Drang nach Überlegenheit, die er jedem zu spüren gab, und seinen Sarkasmus, ja, fast schon Zynismus, leicht verzieh, war Borowski doch ein Überlebender aus Auschwitz.

Miłosz´ Porträt in »Verführtes Denken« ist ein eher ernüchterndes Zeugnis, wenn auch voller Sympathie für das Ausnahmetalent: Für den großen polnischen Dichter, den Nobelpreisträger von 1980, war Borowski ein Nihilist, der sein außergewöhnliches Talent, nachdem er in Auschwitz den Glauben an den Menschen verloren hatte, in den Dienst der kommunistischen Ideologie stellte, die moralische und philosophisch-metaphysische Zweifel nicht duldete. Miłosz schreibt: »In den ersten Nachkriegsjahren beschäftigten sich Beta und seine Kollegen mit der Ohnmacht des Menschen gegenüber den Gesetzen der Weltgeschichte: Selbst Menschen, die beste Absichten hatten, gerieten in die Terrormaschine der Nazis, die sie zu verängstigten Primitiven machte, die nur darauf bedacht sind, ihr eigenes Leben zu bewahren, zu retten.«

In der KZ-Hierarchie, die Miłosz in seinem Porträt diagnostiziert, beschreibt Borowski sich selbst als einen Privilegierten, der gut »organisieren«, der – ergo – überleben kann und zugleich Zeuge des Untergangs der menschlichen Zivilisation ist; der sieht, wie leicht es ist, den kulturellen und ethischen Fortschritt der menschlichen Zivilisation zu zerstören, und zwar mit Hilfe der modernsten Technologie, um einen Völker- und Massenmord ungeheuren Ausmaßes zu realisieren, weil sich ein Volk über alle anderen stellt und das Recht nimmt, der Weltgeschichte eine erlösende Kraft zu verpassen, jedoch aus strikt rassistischen Gründen. Die Rückkehr zur nackten Wildheit im Namen einer einzigen Idee, die Erkenntnis also, dass der Mensch dazu fähig ist, im Namen dieser Idee buchstäblich über Leichen

zu gehen und sich zugleich jedweder etischen Scham zu ent-
ledigen – das ist es, was Borowski so skeptisch macht, sodass er
nach dem Ende des Zweiten Weltkriegs keine Begeisterung für
die Freude der Befreiten und der Sieger aufbringen kann, zumal
sie für ihn aus ihren alten nationalen Verhaltensmustern nicht
ausbrechen können und keine zukunftsträchtige Idee zu offerie-
ren haben: außer ihrem nationalen Stolz und dem »Hurra-wir-
haben-gesiegt!«. Borowski fragt nämlich: Und was nun? Nach
all dem Morden? Wie kann man jetzt überhaupt weitermachen?

Borowskis Nihilismus darf jedoch, was in der literaturwis-
senschaftlichen Analyse der Polonisten ähnlich betrachtet wird,
nicht nur als Ausdruck philosophischer Verzweiflung (»Grenzen
gibt es nicht, alles ist möglich!«) bewertet werden: Man muss
ihn auch in seinem literarisch-poetologischen Ursprung sehen,
in dem es um Korrespondenzen zwischen dem Menschen und
seiner Umgebung geht.

Natur- und Gebäudebeschreibungen spiegeln bei Borowski
den nihilistischen Geist wider, gibt es doch im Hintergrund
dieser poetischen Gemälde die unermüdlich »arbeitenden«
Schornsteine der Krematorien. Borowski schreibt in einer Erzählung lakonisch: »Als wir ins Lager zurückkehren, beginnen
die Sterne zu verblassen, der Himmel tritt mehr und mehr zum
Vorschein, er hebt sich über uns in die Höhe, die Nacht wird
heller. Es kündigt sich ein heiterer, heißer Tag an.

Aus den Krematorien steigen riesige Rauchsäulen auf, die sich
hoch oben zu einem gigantischen, schwarzen Fluss vereinen, der
sich ganz langsam über den Himmel von Birkenau wälzt und
hinter den Wäldern in Richtung Trzebinia verschwindet. Der
Sosnowiec-Transport wird gerade verbrannt.«

Was Hannah Arendt die Banalität des Bösen nannte, wird bei
Borowski als Normalzustand beschrieben: das Morden wird als

normal, alltäglich empfunden, als ginge das Leben in Auschwitz wie in einem kleinen Städtchen in Polen oder in Deutschland weiter – aufstehen, frühstücken, ins Büro, in die Fabrik, einkaufen, Abendessen, sich unterhalten, schlafen. Nur dass in Auschwitz zwischendurch Menschen viehisch ermordet werden. Worüber sich niemand wundert.

Diese Perspektive, aus der über die Täter nicht expressis verbis geurteilt wird – im Gegenteil sogar: die Opfer oft als Mittäter dargestellt werden (Sonderkommando, Blockälteste, Kapos und gewöhnliche Häftlinge) –, konnte der kommunistischen Partei Polens natürlich nicht gefallen; auch die meisten Leser waren wie erschlagen, und die Kritiker empörten sich über Borowskis Erzählungen. Und trotzdem »kaufte« die Partei Borowski, weil sie in ihm ein Riesenpotenzial erkannte: für ihre totalitären Zwecke und Vorhaben. Er musste für sie, die Verwalter des neuen Glaubens, nur noch eindeutiger werden, was die Verurteilung der westlichen Zivilisation angeht – nach dem Motto: »Seht, wohin euch die Werte des Christentums, der kapitalistische Fortschritt und die Kultur des Westens geführt haben: in die Gaskammern. So kläglich seid ihr gescheitert, während wir mit Hilfe unserer sowjetischen Brüder über die ungeheure kommunistische Vision der Freiheit und Gleichheit für alle verfügen und dem Menschen sie beide auch endlich schenken werden.«

Was aus diesen erhabenen Zielen der Kommunisten geworden ist, wissen wir alle, und Borowski konnte sich schnell selbst davon überzeugen, dass der Stalinismus ein Totalitarismus ist wie der Faschismus. Vielleicht hatte er deshalb tatsächlich den Gashahn aufgedreht – als der enttäuschte Liebhaber, wie ihn Miłosz in seinem Porträt bezeichnete: im erotischen wie auch im politisch-soziologischen Sinne.

Und was hat Borowski uns, den Heutigen, zu sagen?

Viele wiederholen seit Jahrzehnten schon die Floskel, so eine Katastrophe dürfe es nie wieder geben: Borowski würde sie auslachen. Ich selbst stehe jedoch hintern diesen vielen Mahnenden und wiederhole mit ihnen, dass es Auschwitz nie wieder geben darf, genauso wie Hiroshima und Nagasaki. Ich denke wie Miłosz, dass angesichts der Übermacht des Bösen ständig daran erinnert werden muss, wie großartig und wunderschön unsere Existenz im Kosmos sein kann und auch oft ist. Und vielleicht war Borowski ein gescheiterter Moralist, der eines der wichtigsten literarischen Zeugnisse der Menschheit zur Warnung hinterlassen hat, zumal er in einer Erzählung schreibt: »Es gibt keine Schönheit, wenn in ihr ein dem Menschen angetanes Unrecht liegt. Es gibt keine Wahrheit, die über dieses Unrecht hinwegsehen könnte. Es gibt keine Güte, die dieses überhaupt zulassen würde.« Großartige Sätze von einem der wichtigsten Schriftsteller der Holocaust- und Lagerliteratur, vielleicht sogar dem wichtigsten, wie es uns kein Geringerer als Imre Kertész zu verstehen gegeben hat.

***

Bei der Auswahl der Erzählungen spielte ein Faktor die entscheidende Rolle: die Fokussierung auf ein einziges Thema, nämlich die Vernichtung im KZ-Auschwitz. »Der Abschied von Maria« und »Ein Junge mit einer Bibel« sind eine Art Einführung in die Welt des Vernichtungslagers.

Eine Neuübersetzung Borowskis war lange fällig und sollte fortgesetzt werden. Er hat diese Erzählungen mit einer ungeheuren Emotionalität geschrieben, was niemanden wundern sollte – angesichts des Unabwendbaren. Seine Emotionalität drückt sich aber auch dadurch aus, dass er für den Übersetzer aus dem Polnischen ins Deutsche sowie in andere Sprachen oft zum Klotz am Bein wird. Borowski benutzt die deutsche Sprache im Kontext des Auschwitz-Jargons: Es gibt keine Einheitlichkeit. Manchmal schreibt er die deutschen Begriffe korrekt, manchmal sind sie nur korrekt in der polnischen Phonetik. »Schreiber« – der Blockschreiber – wird auch als »szrajber« geschrieben: »sz« meint dann das deutsche »sch«. Er ist sehr konsequent in seiner sprachlicher Sprunghaftigkeit, zum Beispiel im oftmaligen Wechsel von Präsens und Imperfekt, weil diese Sprunghaftigkeit für Borowski auch den unfassbaren Terror der Mörder widerspiegelt – wenn man so will: der menschlichen Analphabeten und sprachlichen Barbaren. Borowski wollte um jeden Preis authentisch sein – der Poesie und Fiktionalisierung zum Trotz, um eben die Wahrheit zu »fassen« und nicht zum platten Verkünder und Propheten des Bösen zu werden. Das ist zu bedenken, wenn man Borowski »verstehen« will.

Frankfurt am Main, Hotel Lindley, November 2022

Der Abschied
von Maria

Hinter dem Tisch, dem Telefon, dem Würfel aus Geschäftsbüchern und -heften – ein Fenster und eine Tür. In der Tür zwei Glastafeln, schwarz, aber sie glitzern in der Nacht. Und dann noch der Himmel, der Hintergrund des Fensters, mit bauschigen Wolken bedeckt, die der Wind die Glasscheibe entlang nach unten treibt, nach Norden, über die Mauern des verbrannten Hauses hinaus.

Das verbrannte Haus auf der anderen Straßenseite färbt sich schwarz – direkt gegenüber einer Pforte mit einem schützenden Netz, das in silbernem Stacheldraht endet, über den der violette Schein einer flackernden Straßenlaterne gleitet, wie ein Klang über eine Saite. Vor dem Hintergrund des stürmischen Himmels, der rechts vom Haus zu sehen und mit milchigen Wolken aus flüchtigem Rauch der Lokomotive durchsetzt ist, zeichnet sich etwas pathetisch ein blattloser Baum ab, der im Sturm stets regungslos steht. Vollgeladene Güterwaggons fahren an ihm vorbei und mit einem Rattern nähern sie sich der Front.

Maria hob ihren Kopf über dem Buch hoch. Ein Schattenstreifen erfasste ihre Stirn und ihre Augen und floss wie ein durchsichtiger Schal über ihre Wange. Sie legte ihre Hände auf eine Pilzlampe, die zwischen leeren Flaschen und Tellern mit einem nicht aufgessenen Salat und bauchigen, purpurroten Gläsern mit marineblauen Untersetzern stand. Das grelle Licht, das sich an den Rändern der Gegenstände brach, sickerte wie in einen Teppich aus blauem Rauch, der das Zimmer durchflutete, und splitterte an den zerbrechlichen, spröden Rändern der Gläser ab, wo es in ihrem Inneren schimmerte wie ein goldenes Blatt im Wind – es gelangte mit einem einzigen Strahl zu ihren Handflächen, und sie schlossen sich über dem Pilz mit einer leuchtenden, rosafarbenen Kuppel, wobei die rosigeren Linien zwischen ihren Fingern fast unmerklich pulsierten. Das schummrige Zimmer füllte sich mit einer vertraulichen Dunkelheit, flüchtete sich in ihre Hände und wurde so klein wie eine Muschel.

– Schau, es gibt keine Grenze zwischen Licht und Schatten – flüsterte Maria. – Wie ein Fluss kriecht der Schatten bis zu unseren Füßen, umzingelt uns und lässt die Welt zusammenschrumpfen, aber nur für uns: Nur du und ich sind noch da.

Ich beugte mich zu ihren Lippen, zu den winzigen Rissen, die in ihren Mundwinkeln verborgen waren.

– Die Poesie pulsiert in dir wie der Saft in einem Baum – sagte ich scherzhaft und schüttelte das aufdringliche Säufersummen in meinem Kopf ab. – Pass auf, dass die Welt dich nicht mit einer Axt verletzt.

Maria spreizte ihre Lippen. Zwischen ihren Zähnen zitterte leicht die dunkle Zungenspitze: sie lächelte. Als sie jedoch ihre Finger fester um die Pilzlampe ballte, wurde das Glitzern in der Tiefe ihrer Augen schwächer und verblasste.

– Poesie! Für mich ist sie so unbegreiflich wie das Hören einer Form oder das Berühren eines Klangs. – Sie beugte sich verträumt über die Lehne der Couch. Im Halbschatten hatte der enge rote Pullover eine purpurne Saftigkeit angenommen, und nur auf den Rücken der Falten, über die das Licht glitt, leuchtete er karminflauschig. – Aber nur die Poesie kann einen Menschen wahrheitsgetreu darstellen. Ich denke: einen vollständigen Menschen.

Ich trommelte mit den Fingern gegen ein Schnapsglas. Es klang kurzlebig spröde.

– Ich weiß es nicht, Maria – sagte ich und zuckte zweifelnd mit den Schultern. – Ich denke, das Maß aller Poesie und vielleicht auch der Religionen ist die Liebe zum Menschen, die sie beide erwecken. Und das ist wohl der objektivste Test aller Dinge.

– Liebe, natürlich Liebe! – sagte Maria und kniff die Augen zusammen.

Draußen vor dem Fenster, hinter dem ausgebrannten Haus, auf der breiten, von einer Grünanlage halbierten Straße fuhren die Straßenbahnen mit Geknirsche. Elektrische Blitze erhellten das Violett des Himmels, wie Splitter von blauem Magnesiafeuer brachen sie durch die Düsternis, übergossen das Haus, die Straße und das Tor mit Mondlicht, rieben sich an den schwarzen Fensterscheiben, flossen hinab und erloschen lautlos. Einen Moment später, kurz danach verstummte auch der hohe dünne Gesang der Straßenbahnschienen.

Hinter der Tür, im anderen Zimmer, ließ man wieder das Pathéphone laufen. Die erstickte Melodie, als hätte man sie auf einem Kamm gespielt, verschwamm mit dem aufdringlichen Geräusch tanzender Füße und dem kehligen Lachen der Mädchen.

– Wie du siehst, Maria, gibt es neben uns noch eine andere Welt – lachte ich und stand von der Couch auf. – Siehst du, das ist nämlich so: Wenn man die ganze Welt verstehen, die ganze Welt fühlen, die ganze Welt sehen könnte, so wie man seine Gedanken versteht, seinen Hunger spürt, das Fenster, das Tor hinter dem Fenster und die Wolken über dem Tor sieht, wenn man also alles gleichzeitig und endgültig sehen könnte – sagte ich nachdenklich, umrundete die Couch und stellte mich am vorgeheizten Kachelofen zwischen Maria, die Majolika-Kacheln und den im Herbst für den Winter gekauften Sack Kartoffeln –, dann wäre die Liebe nicht nur das Maß, sondern auch die letzte Instanz aller Dinge. Leider sind wir auf die Methode von Prüfungen und des einsamen, trügerischen Überlebens angewiesen. Wie unvollständig, wie falsch ist das Maß aller Dinge!

Die Tür des Zimmers mit dem Pathéphone öffnete sich. Im Takt der Melodie schwankend, trat Tomasz ein, der sich an die Schulter seiner Frau lehnte. Ihr leicht schwangerer, seit vielen Monaten ununterbrochen gleich dicker Bauch genoss die ständige Aufmerksamkeit ihrer Freunde. Tomasz näherte sich dem Tisch und wankte über ihm mit seinem ausladenden, prallen, massiven Ochsenkopf.

– Du gibst dir keine Mühe, weil es keinen Wodka gibt – sagte er mit sanftem Vorwurf, warf einen streng prüfenden Blick auf das Geschirr und entfernte sich, von seiner Frau geschubst, in Richtung Tür. Er starrte sie stumpfsinnig an, als wäre sie ein Gemälde. Es hieß, dass dies durch seine Profession bedingt sei, handelte er doch mit gefälschten Corots, Noakowskis und Pankiewiczes. Außerdem war er Herausgeber eines syndikalistischen Zweiwochenmagazins und verstand sich als radikaler Linker. Beide traten sie hinaus in den knirschenden Schnee. Schwaden aus frostigem Dampf rollten über den Fußboden wie haarige Knäuel aus weißer Baumwolle.

Tomasz folgend, rollten Tanzpaare majestätisch ins Kontor, drehten schläfrige Runden um den Tisch, die Majoliken und die Kartoffeln, wobei sie den Wasserflecken unter dem Fenster sorgfältig auswichen, und kehrten, rote Spuren vom frisch gebohnerten Terrakottaboden hinterlassend, dorthin zurück, woher sie gekommen waren. Maria erhob sich hastig vom Tisch, richtete ihr Haar mit einer eingeübten Bewegung und sagte:

– Ich muss jetzt gehen, Tadeusz. Unser Geschäftsführer bat darum, dass ich früher beginne.

– Du hast noch eine gute Stunde Zeit – antwortete ich. Eine runde Kontoruhr mit einem verbogenen Ziffernblatt aus Blech tickte unaufhörlich. Sie hing an einer langen Schnur zwischen einem halb aufgerollten Poster, einer Zeichnung eines imaginären Horizonts, und einer mit Kohle gezeichneten Komposition, die ein Schlüsselloch darstellte, durch das man ein Fragment eines kubistischen Schlafzimmers sehen konnte.

– Ich knöpfe mir den Shakespeare vor, ich werde versuchen, in der Nacht *Hamlet* für den Untergrundunterricht am Dienstag vorzubereiten.

Nachdem sie in das andere Zimmer rübergegangen war, hockte sie sich neben die Bücher. Das Bücherregal war primitiv aus ungehobelten Brettern zusammengenagelt, die sich unter dem Gewicht der Bücher bogen. In der Luft lagen blaue und weiße Rauchstreifen und ein schwebend starker Wodkageruch, vermischt mit dem Gestank von menschlichem Schweiß und dem kalkigen Geruch von feuchten, vermodernden Wänden. Grell bemalte Kartons schaukelten an ihnen wie Unterwäsche im Wind und schimmerten durch den blauen Dunst wie bunte Reihen von Qualen und Korallen auf dem Meeresboden. In dem schwarzen Fenster, durch die Glasscheibe von der Nacht getrennt und in der dünnen Spitze einer von einer Eisenbahndiebin für einen Almosen erbeuteten Gardine verfangen, versuchte ein wehmütiger, betrunkener Geiger (der sich für impotent hielt) vergeblich, das Röcheln des Pathéphones mit dem Stöhnen seines Instruments zu übertönen. Gebeugt wie unter einem Sack Zement konnte er seiner Geige lediglich und nur mit grimmiger Verbissenheit eine einzige Sequenz entlocken. Seit zwei Stunden übte er für ein sonntägliches Poesie- und Musikkonzert. Da trat er dann gebadet und in einem gestreiften Ausgehanzug auf, aber mit einem melancholischen Gesicht und verträumten Augen, als ob er die Noten aus dem Nichts lesen würde.

Auf dem Tisch mit einer roten, geblümten, von einer Eisenbahndiebin erbeuteten Tischdecke und zwischen all den Gläsern, Büchern und angebissenen Sandwiches ruhten Apoloniusz' nackte und schmutzige Füße. Apoloniusz schaukelte auf einem Stuhl, und als er dem hölzernen und mit Kalk gegen die Wanzen gestrichenen Sofa, auf dem halb besoffene Menschen lagen wie im Sand erstickende Fische, den Rücken zuwandte, sagte er mit lauter Stimme:

– Wäre Christus ein guter Soldat gewesen? Nein, eher ein Deserteur. Die ersten Christen flüchteten zumindest aus der Armee. Sie wollten sich dem Bösen nicht widersetzen.

– Ich bin gegen das Böse – sagte Piotr träge. Er lag ausgestreckt zwischen zwei zerzausten Mädchen und fummelte mit seinen Händen an ihren Frisuren herum. – Nimm deine Füße vom Tisch oder wasch sie.

– Wasch dir die Füße. Polek – sagte das Mädchen an der Wand. Sie hatte dicke, wabbelige Schenkel und rote, fleischige Lippen.

– Ach was! Das hättet ihr wohl gerne. Ihr denkt, es gab einmal so einen Stamm der Vandalen, der sehr feige war – fuhr Apoloniusz fort und schob mit der Ferse die Teller zu einem Haufen zusammen –, sie wurden von allen verprügelt und von Dänemark oder Ungarn nach Spanien verbannt. Dort bestiegen die Vandalen Schiffe, fuhren nach Afrika und kamen zu Fuß bei Karthago an, wo der Heilige Augustinus, der von der Heiligen Monika, Bischof war.

– Und dann ritt der Heilige auf einem Esel aus und bekehrte die Vandalen – sagte der junge Mann am Kachelofen und zog an seiner Pfeife. Er blies seine rosigen Pausbäckchen auf, die wie die Pfirsichfrucht mit goldenem Flaum bedeckt waren. Unter seinen Augen hatte er große blaue Flecken. Er, der Pianist, lebte lange Zeit zusammen mit einer Pianistin mit entzückenden Grübchen an den Wangen und einem räuberischen, leidenschaftlichen Blick. Im Sommer tauften wir ihn dann (weil er nationalen Glaubens war) bei brennenden Kerzen und mit Blumenkränzen und dem Becken mit kühlem Weihwasser, mit dem ihm der umsichtige Priester gründlich den Kopf wusch, und gleich nach der Taufe entgingen wir an der belebtesten Stelle der Grójecka-Straße einer Straßenrazzia. Wir haben sie nicht allzu schnell verheiratet, erst im Spätwinter. Die Eltern verweigerten allerdings den Segen aufgrund der Mesalliance. Sie gaben zwar ein wenig nach und stellten den Musikern ein Zimmer zum Schlafen, ein Klavier zum Üben und eine Küche zum Schnapsbrennen zur Verfügung, aber sie weigerten sich, Freunde zur Hochzeit einzuladen, sodass die Freunde die Hochzeitsfeier selbst organisierten. Die Braut, in einem steifen blauen Kleid, saß regungslos in ihrem Sessel, als hätte sie einen Stock verschluckt. Sie war schläfrig, müde und besoffen.

– Es ist schön hier bei dir, sehr schön, weißt du? – Das jüdische Mädchen, das aus dem Ghetto geflohen war und in dieser Nacht nirgendwo übernachten konnte, kniete sich neben Maria vor den Büchertürmen nieder und legte ihren Arm um sie. – Es ist seltsam, es ist so lange her, dass ich eine Zahnbürste in der Hand gehalten habe, ein Sandwich, eine Tasse Tee, ein Buch. Wisst ihr, es ist sogar schwer, das Ganze klar zu bezeichnen. Und ständig dieses Gefühl, dass man gehen muss. Ich habe panische Angst!

Maria streichelte ihr schweigend ihren Vogelkopf mit den glänzenden, glattgekämmten Haarwellen.

– Sie waren doch Sängerin, oder? Es dürfte Ihnen jedenfalls an nichts gefehlt haben. – Sie trug ein gelbes Kleid mit Chrysanthemenmustern und einem frechen Ausschnitt. Hinter ihm lugte die kokette cremefarbene Spitze ihres Unterhemds hervor. An einer langen Halskette schwang ein goldenes Kreuz zwischen ihren Brüsten.

– Gefehlt? Nein, es hat an nichts gefehlt – antwortete sie mit einem Aufblitzen der Überraschung in ihren verweinten Kuhaugen. Sie hatte breite, ausladende Hüften, gut zum Gebären. – Übrigens, Sie sollten mich nicht missverstehen, aber selbst mit den weiblichen Künstlern ist bei den Deutschen alles anders … – brach sie ab und blickte nachdenklich die ganzen Bücher an. – Platon, Thomas von Aquin, Montaigne –, sie berührte mit ihrem lila lackierten Fingernagel die schäbigen Rücken von Büchern, die entweder in den Bibliotheken auf den Archivwagen gekauft oder aus den Antiquariaten gestohlen wurden.

– Nur wenn Sie gesehen hätten, was ich hinter den Mauern gesehen habe …

– Augustinus hat dreiundsechzig Bücher geschrieben! Als die Vandalen Karthago umkreisten, war er gerade dabei, Korrektur zu lesen, starb jedoch dabei! – sagte Apoloniusz wütend. – Von den Vandalen ist nichts mehr übriggeblieben, und Augustinus wird heute immer noch gelesen. Ergo – er hob seine Hand mit gespreizten Fingern zur Decke –, der Krieg wird schon vorübergehen, aber die Poesie wird bleiben, und zusammen mit ihr meine Vignetten!

Unter der Decke trockneten an Schnüren die Umschläge eines Gedichtbandes. Der Geruch der Druckfarbe war zu wittern. Das Licht schien durch die schwarzen und roten Flächen des Packpapiers und verheddterte sich in den einzelnen Blättern wie im Walddickicht. Die Umschläge raschelten wie trockenes Laub.

Das jüdische Mädchen ging zum Pathéphone hinüber und wechselte die Platte.

– Ich aber glaube, dass es auch auf der arischen Seite ein Ghetto geben wird – sagte sie und sah zu Maria hinunter. – Nur halt ohne einen Ausgang. – Zum Tanz von Piotr entführt, segelte sie davon.

– Sie ist außer sich – sagte Maria leise. – Ihre Familie ist hinter den Mauern geblieben.

Die Nadel des Pathéphones traf auf einen Riss in der Schallplatte und jaulte monoton. In der Tür stand ein erröteter Tomasz. Seine Frau rückte ihr Kleid über ihrem leicht gewölbten Bauch zurecht.

– »Nur noch ein paar schwere Wolken, die nicht durch die Nüstern auseinandergetrieben werden«* – rezitierte er, und als er mit der Hand auf das Tor hinterm Fenster deutete, rief er voller Empathie: – Ein Pferd, ein Pferd!

Im goldfarbenen Lichtkegel über der Tür lag der Schnee blendend weiß und glatt wie ein Teller auf einem aschfahlen Tischtuch, doch weiter hinten, im Schatten, wurde er grau und dann blau, als spiegelte er den Himmel, bis er an der Pforte im Schein der Straßenlaterne nur noch schimmerte. Beladen wie ein Heupanjewagen, stand das Fuhrwerk in der Dunkelheit unbeweglich wie ein Berg. Eine rote Laterne schaukelte unter den Rädern und warf schwingende Schatten auf den Schnee, Beine und Unterleib des Pferds beleuchtend, das größer und beleibter als sonst schien. Dampfschwaden stiegen von ihm auf, als würde es durch die Haut atmen. Es ließ den Kopf hängen, es war müde.

Der Kutscher stand neben seinem Pferdewagen und wartete geduldig, seine Hände klopften aber auf die Brust. Als Tomasz

---

*   Aus einem Gedicht von Cyprian Kamil Norwid, übersetzt von A. B.

und ich die Torflügel aufrissen, griff er in aller Ruhe nach der Peitsche, schwang die Zügel und ließ sie schnalzen. Das Pferd riss den Kopf hoch, zuckte mit dem ganzen Körper zur Seite, aber der Wagen bewegte sich nicht. Die Vorderräder blieben im Rinnstein stecken.

– An der Schnauze packen und rückwärts mit ihm – sagte ich mit Sachverstand. – Ich werde gleich ein Brett in den Rinnstein legen.

– Hü – rief der Kutscher und drückte auf die Deichsel. Ein Gendarm im blauen Mantel, der das benachbarte Gebäude der ehemaligen Stadtschule bewachte, wobei dieses mit zur Zwangsarbeit in Preußen bestimmten »Freiwilligen« vollgestopft war wie ein Gefängnis, schlug dumpf mit seinen beschlagenen Schuhen auf die Steine des Bürgersteigs und kam von der Seite des Laternenpfahls herüber. Er hatte einen Scheinwerfer an einem Riemen über die Brust gehängt. Er schaltete die Stromzufuhr frei und leuchtete freundlich.

– Einfach zu viel Gerümpel geladen – sagte er sachlich. Unter seinem Helmschirm, aus dem tiefen Schatten heraus und über dem Lichtstrom, blitzten seine Augen scharf wie die eines Wolfs. Jeden Morgen kam er ins Kontor, um die Wachablösung telefonisch herbeizuholen, und meldete stets, dass über Nacht nichts Wichtiges passiert sei.

Das Pferd schnaubte ab, verlagerte sein Gewicht auf die Hinterbeine, stieß seinen Körper nach hinten und das Fuhrwerk geriet auf dem Kopfsteinpflaster in Bewegung. Dann zog das Pferd nach vorne. Der Wagen, bis an den Rand beladen wie ein Kahn mit Koffern, Posaunen, Bettzeug, Möbeln und klirrenden Aluminiumgefäßen, wankte, kam aber über die Planken auf dem Innenhof angefahren. Der Gendarm schaltete den Scheinwerfer aus, richtete die Gurte an seiner Uniform und entfernte sich mit gleichmäßigen Schritten in Richtung Schule. Gewöhnlich ging er an ihr vorbei, erreichte die kleine Kirche der Pallottiner (die im September teilweise abgebrannt war, während einer ganzen Wettersaison aber mit Materialien aus unserer Firma sorgfältig und kontinuierlich renoviert worden war) und bog an der zerfallenden Mauer der Arbeitslosenunterkunft in den postindustriellen Hallen neben den Bahngleisen ab. Es war ein belebter Umschlagplatz, denn über diesen Weg strömten als Ballen und auch einzeln Wolldecken, Stoffcoupons, warme Kleidung, Socken, Konserven, Kaffee- und Kuchengeschirr, Gardinen, Tischdecken und Handtücher und all die anderen Waren, die aus den an die Front fahrenden Güterzügen gestohlen, aber auch vom Personal der Sanitätswagen gekauft waren, die auf dem Rückweg von der Front mit Uhren, Lebensmitteln, Verwundeten, Unterwäsche und Maschinenteilen, Möbeln und Getreide oft am Bahnhof hielten wie an einer Hafenmole.

Der Kutscher knallte noch einmal mit der Peitsche, wendete sein Pferd und fuhr rückwärts an den Holzschuppen heran. Das Pferd mühte sich ab und dampfte. Vom Kutscher mit rauer Zärtlichkeit losgeschirrt, blieb es eine Weile in der Deichsel stehen, als sei es über seine Kräfte hinaus erschöpft, und bewegte sich schließlich, heftig angetrieben, langsam zum Wasserhahn, um seine Schnauze in den Eimer zu stecken. Nachdem es ihn bis zum letzten Tropfen ausgetrunken hatte, schlürfte es Wasser aus einem anderen und ging, sein Pferdegeschirr hinter sich herziehend, zu den offenen Stalltoren.

– Du hast eine ganze Menge mitgebracht, Olek – sagte ich, nachdem ich mir die Ladung des Fuhrwerks angesehen hatte.

– Sie hat angeordnet, dass alles mitgenommen werden soll – sagte der Kutscher. – Junger Mann, sehen Sie mal, ich musste sogar die Hocker aus der Küche und die Regale aus dem Bad einladen. Denn meine Alte hockte mir die ganze Zeit auf der Pelle.

– Und hatte sie keine Angst, ich meine: so am helllichten Tag?

– Die Erlaubnis für sie bekam unser Schwiegersohn von seinem Kollegen erteilt – sagte Olek. Sein Gesicht war knochig, abgemagert und vom Frost gezeichnet. Er riss sich seine Mütze herunter. Sein vom Kalk steif gewordenes Haar war über der Stirn zerzaust.

– Und Ihre Tochter?

– Sie blieb bei ihrem Mann. Sie geriet mit meiner Alten in Streit darüber, dass sie noch einen Tag länger bleiben müsse. – Er spuckte in seine sehnigen, verkrümmten Hände, die von Zement, Kalk und Gips zerfressen waren. – Nun, wir wollen den Karren entladen. – Er kletterte auf das Fuhrwerk, löste die Seile und begann, die Stühle, Vasen, Kissen, Wäschekörbe, altmodischen Kisten und verschnürten Bücher uns nach und nach zu übergeben.

Tomasz und ich griffen nach ihnen und trugen sie vierhändig in den muffigen, dunklen Schuppen, wo wir die Waren auf dem Beton zwischen Säcken mit halb versteinertem Zement, einem Stapel nach Teer stinkender, schwarzer Pappe und einem Haufen trockenen, für den Verkauf an die Bauern bestimmten Kalks abstellten. Ein feiner Kalkstaub schwebte in der Luft und juckte unerträglich in der Nase. Tomasz keuchte krampfhaft. Er war herzkrank.

– Sagen Sie mal, junger Mann, warum hat der Geschäftsführer sie überhaupt genommen? – fragte der Kutscher, nachdem er das Entladen beendet hatte.

– Sie machte ihn zum Menschen, und nun will er sich ihr gegenüber dankbar zeigen. – Ich verriegelte die Schuppentür und schloss sie mit einem Vorhängeschloss ab.

– Dankbarkeit ist etwas Wunderbares – sagte Tomasz. Er atmete gleichmäßig und holte jedes Mal tief Luft. Er schnappte sich eine Handvoll Schnee und wusch sich die Hände. Er trocknete sie an seiner Hose ab.

– Tja … Ich habe heute hart geschuftet – sagte der Kutscher und kletterte vom Fuhrwerk herunter. In dem steifen Schafspelz, der mit einer Kruste aus Kalk, Teer und Harz bedeckt war, konnte er sich nur unbequem bewegen. Er lehnte sich gegen das Fuhrwerk, schniefte mehrmals zu seiner Erleichterung und rieb sich mit der Hand über die Stirn. – Herr Tadek*, Herr Tadek, was ich dort gesehen habe, würden Sie mir nicht glauben. Kinder, Weiber … Obzwar auch jüdisch, aber Sie wissen ja schon …

– Doch konnten Sie irgendwie glücklich wegfahren?

– Der Ingenieur hat uns unterwegs gesehen. Wird das nun Folgen haben?

– Aber – sagte ich verächtlich – was können uns diese Waschlappen schon anhaben? Wenn der Geschäftsführer eine Filiale kaufen will, so müssen sie mit ihm klarkommen, oder? Du fährst gleich am frühen Morgen mit der ersten Tour los, besorgst auf dem Schwarzmarkt einen Meter Kalk. Und du wirst vor sieben Uhr zurück sein.

– So ist es, man muss morgens die Leute aus dem Haus schmeißen. Ich werde nun das Pferd striegeln. – Er folgte dem Tier in den Stall. Als er am Kontor vorbeikam, zog er seine Mütze.

In einem goldenen Lichtkreis wie in einem Heiligenschein und umschlossen – wie mit Händen – von der blauen Nacht, die mit einem Ring von Sternen glitzerte, stand Maria. Wegen der Musik und Menschenstimmen lehnte sie die Tür hinter sich an

---

* Tadek (genauso wie Tadzik, Tadzio, Tadziu usw.) ist im Poln. eine Diminutivform von Tadeusz.

und blickte erwartungsvoll in die Dunkelheit. Ich schüttelte den Staub von meinen Händen ab.

– Und wie sieht´s morgen mit der Abfüllung und Zustellung aus? – Ich fasste sie unter den Arm und führte sie durch den knirschenden, aber nicht mehr frischen Schnee auf dem zertrampelten Weg zur Pforte. – Willst du vielleicht doch nicht bis zum Nachmittag warten? Wir liefern dann alles zusammen aus.

Wir standen in der offenen Pforte. Der Gendarm im blauen Mantel, der die Schule bewachte, schlenderte stumpf die vom flackernden Licht der Laternen leergefegte Straße entlang. Über der Straße, über dem Licht der Laternen, über dem steilen Dach des sich an die Mauer schmiegenden Schuppens kam mit einem Zischen der Wind und trug den Rauch der Eisenbahnzüge; gefiederte Wolken rauschten vorbei, und über dem Wind und den Wolken zitterte der Himmel, der so tief war wie der Grund eines dunklen Bachs. Der Mond schimmerte durch die Wolken wie ein Riesenklumpen goldener Sand.

Maria lächelte gefühlvoll.

– Du weißt ganz genau, dass ich alles selbst ausliefern werde – sagte sie vorwurfsvoll und reichte mir ihre Lippen für den Kuss. Ein großer schwarzer Hut beschattete wie ein Flügel ihr Gesicht. Sie war einen halben Kopf größer als ich. Ich mochte aber ihre Küsse in Anwesenheit von Fremden nicht.

– Siehst du, du poetischer Solipsist, was die Liebe vermag – sagte Tomasz heiter. – Denn Liebe bedeutet Aufopferung. Ich spreche aus tiefster Erfahrung, hatte ich doch viele Geliebte.

Die Abenddämmerung, die die Gesichtszüge eines Menschen verwischt, verlieh ihm ein schweres klumpenartiges Gewicht, als wäre Tomasz ein grob behauener Stein. Das Muttermal unter seinem linken Auge wurde schwarz und prangte pfiffig in seinem monumentalen Gesicht, das wie aus grauem Sandstein gemeißelt wirkte.

– Natürlich, ganz klar – nur die Liebe! – brach Maria in unbekümmertes Gelächter aus und ging, nachdem sie einen vornehmen Knicks vor uns gemacht hatte, davon und dann die Straße entlang des Gitters, den Wolken entgegen, die der Wind über unsere Köpfe hinwegtrieb. Sie kam am Laden des Schwarzmarkthändlers vorbei, wo ich Brot und Blutwurst fürs Frühstück erstand, und der Bauer seine in der Schule eingesperrten Kinder. Sie verschwand um die Ecke, ohne sich umgedreht zu haben. Ich starrte ihr noch eine Weile nach, als würde ich ihre Spur in der Luft verfolgen.

– Liebe, natürlich nur Liebe! – sagte ich und lächelte Tomasz an.

– Gib dem Kutscher einen Wodka, wenn du etwas unter dem Bett stehen hast – sagte Tomasz. – Komm schon, man muss sich mit dem Volk verbrüdern.

II

In der Nacht fiel etwas Schnee. Bevor ich offiziell das Tor öffnete, um damit den Beginn des Tagesgeschäfts zu verkünden, und nachdem ich die betrunkenen Gäste verabschiedet und das Zimmer gereinigt hatte, hatte der Kutscher, der noch vor dem Morgengrauen aufgestanden war, es geschafft, den Kalk aus der Grube herauszuschaufeln und zur Baustelle zu bringen und, nachdem er von der Tour zurückgekehrt war, das Pferd zu beschlagen und die Radspuren vom Hof zu entfernen. So früh am Morgen war es draußen noch trübe und auf der Straße leer. Von den Bahngleisen war das Geratter der Züge zu hören. Der patrouillierende Gendarm wirkte grau und wurde kleiner in der zurückweichenden Düsternis, die ihn am Ufer der menschenleeren Straße zurückließ wie einen vergessenen Seetang. In den Fenstern der ehemaligen Schule tauchten allmählich die Köpfe der gefangengenommenen Menschen auf. An einem glühenden Herd im Laden des Schwarzmarkthändlers, neben dem Lagerhaus, wärmten sich zwei marineblaue Polizisten. Der Ladenbesitzer, der mit roten Säuferaugen zwinkerte, breitete mit zitternden Händen Käse, Grütze und Brot auf dem Tresen hinterm Glas aus. Die Bäuerin holte Wurstringe aus ihrem Korb, die sofort unter dem Tresen in der Doppelwand verschwanden. Durch das gefrorene Glas sickerte die graue Morgendämmerung. Schmutzige Tropfen rannen an den rostigen Gittern herunter, fielen monoton auf die Fensterbank und tropften in einem Rinnsal zu Boden.

Im Sommer, im Herbst, im Winter und im Frühling schwoll die kleine Straße – eine Sackgasse mit Kopfsteinpflaster, stinkend vor Fäulnis in den offenen Dachrinnen, eine kleine Straße, die sich zwischen einem Feld, das so sumpfig ist wie eine frisch verwesende Leiche, und einer Reihe morscher einstöckiger Häuser verliert, in denen eine Wäscherei, ein Friseursalon und ein Seifenladen beherbergt sind sowie ein paar Lebensmittelgeschäfte und eine schäbige Bar – Tag für Tag mit einer immer größer werdenden, schwingenden Menschenmenge an, die vor die Betonwände der Schule strömte, ihre Gesichter den modernen Fenstern und dem roten Ziegeldach entgegenreckte, ihre Köpfe hob, mit den Armen wedelte und schrie. In den offenen Fenstern der Schule rief man und machte man mit weißen Händen Zeichen wie von einem Schiff, das sich vom Ufer entfernt. Die Menschenmenge, die zwischen zwei Polizistenreihen gefangen war wie zwischen zwei Dämmen, strömte das Flussbett der Straße hinunter und gelangte bis zum Platz an ihrem Ende, von dem aus man einen den Augen willkommenen Blick hatte – auf die verwilderten Sandbänke im Fluss, die mit ausgefranstem Weidengebüsch bewachsen und mit spärlichen Schneegeflechten bedeckt waren, dann auf die Brücke über den über dem flackernden Strom liegenden Nebel sowie auf die gelben, pastellfarbenen Stadthäuser, die mit dem klaren, ruhigen blauen Himmel verschmolzen – und die Menge ballte sich verzweifelt auf dem Platz zusammen und kehrte mit einem Schrei zurück.

Der Schwarzmarktladen glich einer kleinen abgelegenen Bucht. Bei einem Glas selbstgebrannten Schnapses aus Roter Beete verbrüderten sich Polizisten mit Bauern am Tresen und handelten mit Menschen aus der Schule. In der Nacht setzten die Polizisten ihre Ware aus dem Fenster der Schule ab, die entweder sofort in den dunklen Winkeln der Straße verschwand oder, wobei sie sich dabei unmenschlich verletzte, durch den Stacheldraht auf den Hof unserer Baufirma kroch, wo sie sich bis zum Morgen herumtrieb, da das Kontor natürlich geschlossen war. Für gewöhnlich waren Mädchen diese Ware. Sie irrten hilflos auf dem Firmenhof herum, betrachteten die Sand- und Lehmhaufen, Ziegelwürfel, Sägespäne, Spaletten, Rammböcke, gingen zur Banse, wo der Splitt lagerte, der in verschiedenen Schattierungen und Größen für Treppen und Grabsteine verwendet wurde, und wo sie sich fröhlich erleichterten. Wenn ich aufwachte, jagte ich sie ganz uneigennützig vor das Firmentor hinaus, und der Einzige, der davon profitierte – außer den Polizisten (und wahrscheinlich einem unzugänglichen, den einfachen, menschlichen Dingen gegenüber fremden Gendarmen) – war der Nachbar, der Ladenbesitzer. Er fühlte jedoch weder die Verpflichtung noch das Bedürfnis, dankbar zu sein. Tag für Tag ging ich in seinen Laden und kaufte ein Viertel Vollkornbrot, hundert Gramm Blutwurst und zwanzig Gramm Butter. In der Regel wog er nichts dazu und rundete den Preis beträchtlich auf. Er lächelte schüchtern, aber seine Hand zitterte, wenn er das Geld zusammenscharrte.

Wie dem auch sei. Er füllte ein Hundert-Gramm-Glas für Schnaps nie voll, er fügte kein Gramm Butter hinzu, er schnitt das Brot in ungleiche Stücke und zog den Bauern das Geld für jedes illegal in die Freiheit entlassene Mädchen gnadenlos aus der Tasche, denn er wollte allein leben, er hatte eine Frau, in der zweiten Klasse des Gymnasiums einen Sohn und eine heranwachsende Tochter, eine Schülerin einer Untergrundunterrichtsgruppe am Lyzeum, die die Verlockungen der Kleidung spürte, den Charme der Jungen, den Geschmack der Wissenschaft und den Charme der Konspiration, während die Baufirma an Bauern und Ingenieure gleichermaßen nasse Tonerde und versteinerten Zement verkaufte, Kalk mit Wasser und Kleber mit Sand mischte und bei der Entladung von Güterwaggons – mit dem stillen Einverständnis des Eisenbahnlagerhalters – ernsthafte Mängel feststellte, die sofort in die Bücher eingetragen wurden. Der behördliche Lieferant schwieg wie ein Grab, da er getrennte Rechnungen bei der Firma hatte, die buchhalterisch nirgends ausgewiesen waren.

Eine Baufirma! Wie eine geduldige Milchkuh schenkte sie allen ein Auskommen. Ihr hart arbeitender Besitzer, ein dickbäuchiger Mann in einer karierten, straff anliegenden Weste mit einem Schlüsselbund, ein patriarchalisch ergrauter, apoplektisch nervöser Ingenieur mit einem keilförmigen Bart, der aus der Firma in der Zeit der großen Hungersnot (als wir Schalen und rationiertes Brot mit Salz aßen) für den Unterhalt seiner devoten, Geld für Bettler, Kirchen und Mönche verprassenden Frau wie auch für den Unterhalt seines erotomanischen Sohnes fett

Kohle schöpfte wie Milch aus Eutern, erweiterte das Depot am Hauptsitz seines Betriebs, verpachtete das Nachbargelände einer im September 1939 abgebrannten Firma und errichtete dort eine Niederlassung seines Unternehmens; er kaufte ein Hofgefährt, ein Zugpferd mit geschorenem Schweif, stellte einen Kutscher ein, erwarb für eine halbe Million ein Landgut in der Nähe der Hauptstadt, zwar ein etwas vernachlässigtes und verfallenes, aber für die Jagd (es hatte nämlich auch ein großes Waldstück) und für die Industrialisierung (es verfügte über Lehm) war es bestens geeignet, und schließlich, im dritten Kriegsjahr, begann er und führte erfolgreich mit der Ostdeutschen Eisenbahn Verhandlungen über den Kauf und den Ausbau eines eigenen Anschlussgleises und zudem über die Errichtung von Umladestationen.

Genauso günstig verlief das Schicksal der Angestellten des Ingenieurs. Und obwohl das Besatzungsrecht dem Ingenieur nicht erlaubte, einen Wochenlohn von mehr als 73 Złoty zu zahlen, gab er auf eigene Initiative einem Dutzend seiner Leute fast hundert Złoty pro Woche, und das ohne Abzug von Kosten, Steuern und Sozialleistungen. In Notfällen, wie der Einlieferung einer Familie ins Lager, der Krankheit oder der Bestechung, entzog er sich keineswegs seiner Pflicht. Drei Monate lang finanzierte er mein Studium an der geheimen Untergrunduniversität, unter einer einzigen Bedingung: Ich sollte für das Vaterland lernen.

Die Filiale stellte sich aber ganz anders auf. Die Kutscher verkauften auf der Straße Kalk, lieferten zugleich unvollständige Kubikmeter an die Baustellen. Sie absolvierten private Touren. Sie bestahlen die Eisenbahn. Ich auch, zu Anfang trug ich in Körben Tonerde und Kreide aus dem Depot hinaus und verkaufte beides in den Seifenläden der Umgebung, aber nachdem mir der Geschäftsführer ans Herz gewachsen war, schloss ich mich mit ihm zusammen, teilte unseren Arbeitsbereich und einigte mich mit ihm auf die Buchungsmethode. Was uns auch verband, war die Herstellung von selbstgebranntem Schnaps, zwar auf meine Kosten, aber in der Wohnung des Geschäftsführers. Nachdem er mir einen Löwenanteil aus dem Einzelhandelsverkauf überlassen hatte, stürzte er sich in umfangreichere Geschäfte, wobei er das Unternehmen als Durchgangsstation und das Telefon im Depot als zuverlässiges Kommunikationsmittel nutzte. Der Geschäftsführer kannte sich mit Gold und Wertgegenständen aus, verkaufte und kaufte Möbel, kannte die Adressen von Wohnungsmaklern und machte sogar selbst Immobiliengeschäfte, hatte Beziehungen zu Eisenbahndieben und vermittelte ihnen Kontakte zu Kommissionsgeschäften, war mit Chauffeuren und Autoteilehändlern befreundet und pflegte einen regen Austausch mit dem Ghetto. Er betrieb den Handel mit großer Angst, als ob mit der Holzhammermethode, gegen sein eigenes Rechtsempfinden. Er fühlte eine schmerzliche Nostalgie, wenn er an die sichere Vorkriegszeit dachte. Er hatte damals als Lagerarbeiter in einem jüdischen Unternehmen angefangen. Unter den wachsamen Augen der Besitzerin arbeitete er sich hartnäckig hoch, kaufte sich einen Sportwagen und verdiente mit seinem Taxi bis zu dreihundert Złoty pro Tag, zog man den Tageslohn des Chauffeurs ab. Bald erwarb er ein Baugrundstück an der Autobahn in der Nähe der Stadt und einige Monate vor dem Krieg ein weiteres in der nahegelegenen Vorstadt. Er begriff, dass er all dies im Einklang mit dem menschlichen Gesetz tat, und lebte das Leben in vollen Zügen, ohne lästige innere Zwiespälte. Was er von den Errungenschaften dieser Zeit rettete, waren die Standorte und die Währung sowie eine tiefe Verbundenheit mit der alten Frau Doktor.

Die alte Frau saß an Marias Stelle am Fuße einer Holzcouch. Sie hatte ein erdiges Gesicht, das ruiniert und so leer war wie

eine verlassene Stadt. Sie trug ein schwarzes Seidenkleid, das ab-
gewetzt war und an den Ellenbogen glänzte. Um den Hals trug
sie ein breites Samtband und auf dem Kopf einen altmodischen
Hut, der mit einem Veilchenstrauß geschmückt war, unter dem
schüttere graue Haarsträhnen hervorlugten. Auf ihrem Schoß
hielt sie einen sorgfältig gefalteten Mantel mit einem verblass-
ten Kragen. Sie war zu ärmlich gekleidet für eine Vorkriegsbe-
sitzerin eines riesigen Baustofflagers, einiger Lastwagen, einer
eigenen Eisenbahnniederlassung, Dutzender Arbeiter und eines
unerschöpflichen Kontos bei inländischen und schweizerischen
Banken, zu ärmlich sogar für die Besitzerin einer Lagerstätte
mit allerlei Gepäck, einer Anzahl präziser Rechenmaschinen,
die vorsichtshalber und umsichtig dem Schweizer Konsulat zur
Aufbewahrung übergeben worden waren, ganz zu schweigen
von dem Gold und den Diamanten, die – nach der Vorstellung
der Leute auf der »arischen Seite« – jeder Jude aus dem Ghetto
mitbringen würde. Sie war ärmlich gekleidet und saß bescheiden in einer Ecke. Ihr Blick fixierte die Zimmerdecke, sie beobachtete ein Spinnennetz im obersten Fach des Bücherregals. Das
Netz schwankte, da die Spinne nach oben kletterte.

– Jasieńko*, sie werden schon anrufen, oder? – sagte die alte
Dame nach langem Schweigen zu dem Geschäftsführer.

Ich hob überrascht den Kopf von meinem Buch über das Leben und den Aberglauben im Mittelalter.

Sie sprach in einem heiseren Flüsterton, als würde jemand
zwei Steine gegeneinander reiben. Das schwirrende Flüstern
brach aus ihrer Kehle zusammen mit dem Atem heraus. Zwei
massive goldene Zahnreihen glitzerten in ihrem Mund und
schienen zu klappern oder fast schon Töne von sich zu geben. –

---

*   Jasio, Jasieniek, Jasieńko usw., Poln. Jan, hier Diminutivform.

Denn sie sollten uns wissen lassen, ob sie kommen werden. Das sollten sie doch, nicht wahr? – Sie richtete ihre blassen, toten, wie eingefrorenen Augen auf ihn.

– Oh, dann sollten Sie besser warten, Frau Doktor – sagte der Geschäftsführer entschieden. Er hauchte fleißig ein Guckloch in das vereiste Glas, neigte den Kopf schräg zur Seite, um mit einem Auge einen Blick auf den Platz, auf das offene Tor und auf die Straße, auf der es bereits von Menschen wimmelte, zu erhaschen, und trommelte mit den Fingern auf den Fensterrahmen: Er wartete auf den Kunden. – Der verehrte Herr Direktor hat doch versprochen anzurufen. Wahrscheinlich wird er heute zusammen mit der Tochter von Frau Doktor rauskommen.

– Jasio, der redet nur so. Und wenn sie es nicht schaffen, Jasieniek? – Sie ließ ihren Blick wieder von der Zimmerdecke zum Fenster schweifen. Ihre verkümmerten, verschrumpelten und wurmstichigen Hände legte sie auf das gelbe Tuch, krampfte die Finger zur Faust, als wollte sie es sich von den Schultern reißen, und ließ sie schlaf auf ihre Knie sinken.

– Was erzählen Sie da, Frau Doktor! – pfiff der Geschäftsführer ungläubig. Er streichelte sein üppiges, goldschimmerndes, gewelltes Haar und warf es mit einer ungeduldigen Kopfbewegung zur Seite. Unter der Manschette seines Popeline-Hemdes kam bei dieser Bewegung eine goldene Longinus zum Vorschein, die sich, länglich und gebogen, der Rundung seines Handgelenks anpasste, ein Andenken an die guten Zeiten der Firma in der Towarowa-Straße. – Was denkt sich die Frau Doktor nur dabei! Ihr Schwiegersohn, der Direktor im Affentheater, kann gehen, wann immer er will! Er erledigt, was getan werden muss; sein Portemonnaie wandert in die Tasche und oh!, schon ist er weg! Das ist alles, was sie von ihm sehen werden! Warum machen Sie sich Sorgen darum, wie sie rauskommen werden? – Er zog einen kleinen Stuhl heran und setzte sich, die Beine in seinen langen Offiziersstiefeln streckte er bequem aus. – Man muss sich eher überlegen, wo es eine Wohnung zu kaufen gibt! Weiß Frau Doktor eigentlich, wie viel die verlangen? Fünfzigtausend! Wie gut, dass sich manch einer im ersten Kriegsjahr eine Bude gekauft hat, eigene vier Wände, denn was würde er heute machen? Würde er zur Untermiete wohnen? Oder eher das Wohnungsamt aufsuchen?

– Jasio wird es schon schaffen! – flüsterte Frau Doktor und lächelte leicht mit den beiden Mundwinkeln.

– Der Mensch hat, Gott sei Dank, Arme und Beine, er denkt darüber nach, wo er was mopsen kann, und deshalb lebt er überhaupt! Herr Tadzik – er beugte sich zu mir – Ihre Verlobte hat fünfundzwanzig Liter verkocht. Ein sparsames Mädchen! Man sollte sie küssen! Und sie verbrannte nur halb so viel Steinkohle. Sehr emsig die Gute, kein Zweifel!

– Sie hat telefoniert – murmelte ich über meinem Buch. – Sie ist in die Stadt gefahren, um den selbstgebrannten Schnaps auszuliefern. Sie sollte bald zurück sein.

Zwischen dem Heizofen und der Garderobe war es dämmrig, aber dafür warm. Der erhitzte Rücken kitzelte wohltuend. Mein Kopf war schwer und brummte. Ich musste mit Wodka und Eiern aufstoßen. Das Buch über mittelalterliche Klöster weckte halb einschläfernde Träume von dunklen Gefängniszellen, in denen inmitten des Aberglaubens des Volkes, des Gemetzels unter den Stämmen und der Brände der Städte das Werk der Rettung des menschlichen Geistes vollbracht wurde.

– Jasieńko, ist mit den Koffern alles in Ordnung? – flüsterte die alte Frau gedämpft, wie vom Grund eines Brunnens. – Denn Jasio weiß, dass dies jetzt der einzige Besitz meiner Tochter ist.

Sie ist so unbeholfen. Sie hat sich an die Betreuung durch ihre Mutter gewöhnt.

Als ich mich am Heizofen aufwärmte, blickte ich auf den Fußboden. Die von der Couch heruntergelassene Wolldecke reichte nicht bis zu den rot gebohnerten Dielenbrettern. Unter ihr war die schwarze Abdeckung der Remington zu sehen. Ich hatte die Schreibmaschine aus dem Schuppen geholt, damit sie nicht nass wurde, und sie vorsichtshalber unter das Bett gestellt.

– Frau Doktor, bei uns muss alles in Ordnung sein – der Geschäftsführer rieb sich aus Gewohnheit die Hände und sah mich einen Moment lang an – so sehr in Ordnung wie bei einer Versicherungsgesellschaft. Was ist aber los, Frau Doktor kennt mich nicht mehr?

– Und wenn sie mich hier nicht finden werden? Die Straße ist so klein und liegt am Stadtrand – die alte Frau war plötzlich besorgt. – Ich rufe dort am besten an – beschloss sie und zappelte auf der Couch herum.

– Sind Sie auf Ihre alten Tage, Frau Doktor, verrückt geworden? – schnaubte der Geschäftsführer plötzlich und kniff wütend seine Herzlichkeit ausdrückenden blauen Augen zusammen, er verdeckte sie kurz fast ganz mit den Wimpern, die von der Farbe des Strohs waren. – Sollen wir nun die Deutschen holen, wie eine Plage? Sie uns etwa belauschen lassen? Selbstverständlich, aber nicht von uns!

Die alte Frau sträubte sich und plusterte sich auf wie eine plötzlich erwachte Eule. Sie faltete die Hände vor der Brust zusammen, als ob sie frieren würde. Automatisch und gedankenlos drehte sie die Brosche, die an ihrem Kleid befestigt war, in ihren Fingern.

– Wie sind Sie zu uns durchgedrungen? – fragte ich, um das Gespräch aufrechtzuerhalten.

Die Tür des Kontors wurde zugeschlagen. Ein Kunde stampfte mit den Füßen auf und klopfte sich den Schnee von den Schuhen ab. Der Geschäftsführer trat gegen einen Stuhl und ging zu dem Kunden hinaus. Die alte Frau richtete ihre leeren Augen auf mich.

– Siebenundzwanzig Mal war ich in einer Straßensperre. Weiß er, was eine Straßensperre ist? Sicherlich weiß er es nicht so richtig? Nun, macht nichts – krächzte sie besorgt und winkte freundlich mit der Hand. – Wir hatten ein Versteck hinter dem Schrank in so einer speziellen Nische. Für zwanzig Personen! Kleine Kinder lernten, wenn die Soldaten herumliefen und mit ihren Gewehrkolben gegen die Wände schlugen und auch wenn sie schossen, dass kleine Kinder einfach still blieben und mit offenen Augen bloß zuschauten, wissen Sie? Werden sie es schaffen rauszukommen?

Ich ging zu dem Bücherregal hinüber. Ich steckte das Buch in die mittelalterliche Reihe und sah mich nach der alten Frau um.

– Kinder? – wunderte ich mich.

– Nein, nein, nein! Kinder hin, Kinder her! Ob Schwiegersohn und Tochter rauskommen! Er lebt in großer Freundschaft mit seinem Chef. Noch von der Universität in Heidelberg.

– Warum ist er dann nicht mit Ihnen rausgekommen?

– Er hat dort ein Geschäft zu erledigen. Noch ein, zwei Tage … Aber dort geht alles zu Ende. Ständig nur »aus, aus, aus!«* Die Häuser stehen leer, Federn und Daunen auf den Straßen, und Menschen werden weggebracht, weggebracht …

Sie war außer Atem und wurde still.

Hinter der Tür ertönten brummende, schäkernde Stimmen. Der Kunde und der Geschäftsführer einigten sich auf einen

---

*   Im Original auf Deutsch.

Preis für die Lieferung von Holz aus den ehemaligen jüdischen Häusern des Ghettos in Otwock, das von einem »Kreishauptmann«* im Großhandelsstil an einen polnischen Unternehmer verkauft wurde. Die Tür knarrte, sie gingen in den Laden, um das Geschäft zu begießen. Der Geschäftsführer war ein Abstinenzler, ließ sich aber aus einem besonders erfreulichen Anlass leicht verführen.

– Ich möchte zu meinen Sachen zurück – sagte die alte Frau plötzlich. Sie warf ihren Mantel von ihrem Schoß und trippelte in Eile nach draußen.

Die Büroangestellte hinterm Tisch im Kontor lächelte mich an. Sie war zierlich und dürr und platzierte sich bequem auf der Couch. Sie las den ganzen Tag Boulevardromanzen. Sie war vom Ingenieur geschickt worden, um die Kasse im Auge zu behalten.

Aus seinen Berechnungen ging hervor, dass das Unternehmen zu wenig Einnahmen erzielte. In der zweiten Woche ihrer Amtszeit fehlten in der Kasse eintausend Złoty. Der Geschäftsführer deckte den Fehlbetrag aus seiner eigenen Tasche, und der Ingenieur verlor das Vertrauen in die Büroangestellte. Im Übrigen kam sie ins Kontor nur für ein paar Stunden, sie schaute nicht ein einziges Mal in den Lagerraum, sie wusste nicht, was Teerklebermasse ist, was Bitumen, aber sie versorgte mich dafür mit der Regelmäßigkeit eines Postamts mit Untergrundzeitungen, die mit »Schwert und Pflug« auf einem Emblem verziert waren. Ich beneidete sie um ihren Gang in den Untergrund, denn ich selbst begnügte mich mit der halbprivaten Vervielfältigung von Bulletins, einer ausgiebigen Lektüre, dem Schreiben von Gedichten und dem Auftritt bei Lyrik-Matineen.

---

*　　Im Original auf Deutsch.

– Was ist mit der Alten? Eine Menge Möbel? – fragte die Büroangestellte ironisch. Ein Pferdeschwanz schmückte ihren Kopf, ihr Haar aber war widerspenstig zerzaust.

– Jeder rettet sich selbst, aber so, wie er kann.

– Mit Hilfe seiner Nächsten – kniff sie boshaft ihre Augen zusammen. Sie war nicht allzu sorgfältig gepudert und geschminkt. Die dünne Nase leuchtete, als wäre sie mit Talg geputzt worden. – He, Herr Lagerist, was machen die Gedichte? Ist der Buchumschlag endlich trocken?

Der Geschäftsführer führte die alte Frau an der Hand ins Kontor. Der Kutscher kam herein, um sich aufzuwärmen. Er hockte sich neben den Heizofen und hielt stöhnend seine von Wind und Frost aufgesprungenen Hände vor das Feuer. Sein Schafspelz dampfte auf ihm und stank nach feuchter Haut.

– In der Stadt gibt's jede Menge LKWs – sagte der Kutscher. – Ich war in der Zentrale. Die Straßen sind so leer, dass es unheimlich ist, Auto zu fahren. Leute sagen, wenn sie mit den Juden fertig werden, werden sie dann uns deportieren. Und sie machen auch bei uns Razzien. In der Nähe der orthodoxen Kirche und des Bahnhofs gibt es eine Menge grüner Gendarmen.

– Das ist ja unglaublich – schnaubte die Büroangestellte. Sie stand nervös vom Tisch auf. Sie schlurfte in den viel zu großen Hauspantoffeln und schwang ihre knochigen, durch das dünne Kleid hindurchdrängenden Hüften mit unbewusstem Charme. – Wie soll ich denn bloß nach Hause kommen?

– *Per pedes* – sagte ich sauer, zog eilig meine Jacke an und verließ das Kontor. Ein scharfer Wind, gemischt mit Schnee, schlug mir ins Gesicht. Über einer Kiste mit Kalk schwankte ein Arbeiter rhythmisch. Er stapfte mit seinen Füßen vor Kälte wie ein schlafendes Pferd und rührte mit einer Kalkkrücke den zu löschenden Kalk. Weiße Dampfwolken stiegen aus dem kochenden Gemisch auf und wehten um sein Gesicht. Der Kalklöscher arbeitete den ganzen Winter über pausenlos, um den Kalk für die Sommersaison vorzubereiten. Täglich verarbeitete er in der Kälte bis zu zwei Tonnen trockenen Kalks.

Das Tor unseres Lagers hatte der Geschäftsführer nur angelehnt. Wenn aber eine Straßenrazzia unsere Gasse erwischte, sicherten wir es mit dem Vorhängeschloss. Betrunkene Polizisten säuberten die Gasse von den Resten der Menschenmasse, die in Richtung der Felder vorbeihuschte. Ein deutscher Gendarm, den die Masse und deren Sorgen nicht erschüttern konnten, obgleich sie jede Bewegung des Polizisten aufmerksam verfolgte, schlug gleichgültig mit seinen beschlagenen Stiefeln auf das Kopfsteinpflaster. Auf dem Platz, vor den Häusermauern, herrschte immer noch ein lautes Gedränge. Unterhalb der Fenster und Fensterbänke zitterten den Menschen trotzig die Knie, sie stampften mit den Füßen in Strohpantoffeln und schrien mit heiserer Stimme über einem Korb mit Brötchen, Zigaretten, Blutwurst, Krapfen, Weiß- und Vollkornbrot. Es schien, als würde die schwarze Mauer des Hauses beben und schreien. In den Einfahrtstoren zu den Hinterhöfen wurde frisches Schweinefleisch auf primitiven Waagen gewogen und eilig selbstgebrannter Schnaps umgegossen.

Auf dem Grundstück hinter der Schule ging aber das Vergnügen weiter. Ein Karussell mit einem verwirrten Kind auf einem Pferd drehte sich majestätisch zu schriller Musik. Leere Holzautos, Fahrräder und Schwäne mit gespreizten Flügeln schwebten sanft durch die Luft und wiegten sich wie auf einer Welle. Unter dem Karussell, verborgen unter Bodenbrettern, liefen die Arbeiter im Kreis wie in einem Göpelwerk. Der buntscheckig bemalte Schießstand und das Zelt im Zoo (das, wie ein vom Schnee verblasstes Plakat verkündete, ein Krokodil, ein Kamel und einen Wolf beherbergen würde) gähnten hoffnungslos vor Leere. Ein paar Zeitungsverkäufer aus der Herberge und mit Bündeln deutscher Zeitungen unter dem Arm hielten sich unentschlossen an den Haltestellen auf. Straßenbahnen ohne Fahrgäste fuhren in einer Schleife um den Platz und schleppten sich, an den Ketten läutend, die Allee entlang. Die Bäume standen schneebedeckt und funkelten in der grellen Sonne, als wären sie aus sprödem Kristall geschnitzt worden. Der Himmel war heiter und blass und stand hoch. Es war ein ganz gewöhnlicher Markttag.

Ganz tief unten in der Straße wurde der Raum von steinernen Häuserblöcken und einer Gruppe kahler, magerer Bäume geschlossen. Hinter dem Viadukt, geschützt durch Spanische Reiter, Stacheldrahtverhau und Warnschilder auf den Gleisen, umgeben von einem Kordon aus Gendarmen, wogte eine Menschenmenge und kam an den Viadukt herangeschwommen. Aus dem Inneren der Masse tauchten sperrige, mit Planen verkleidete Lastwagen auf, die mit ihren Rädern den Schnee vermaßen und schwer auf die Brücke zusteuerten. Eine Frau versuchte, aus der Menge hinter dem letzten Lastwagen zu fliehen. Sie schaffte es aber nicht. Der Wagen gewann an Geschwindigkeit. Die Frau hob mit einer Geste der Verzweiflung die Hände und wäre ohne den helfenden Arm des Gendarmen sicherlich gestürzt. Er stieß sie zurück in die Menge.

»Liebe, selbstverständlich, nur die Liebe«, dachte ich gerührt und flüchtete ins Lagerhaus, da sich der Platz vor der herannahenden Straßenrazzia leerte.

– Die Verlobte hat angerufen – sagte der Geschäftsführer. Er war gut gelaunt, summte unter seinem roten Schnurrbart ein Lied und zog mit den Füßen Halbkreise, als würde er tanzen. –

Maria kommt gerade von Ochota*, aber sie kann nicht schneller fahren, weil sie überall Razzien veranstalten. Gegen Abend wird sie wohl da sein, meinte sie.

Die trockene, pummelige Büroangestellte warf mir einen kurzen, bösartigen Blick zu.

– Vermutlich werden sie mit uns genau das Gleiche tun, was sie mit den Juden getan haben? Sind Sie besorgt?

– Sie sollte es eigentlich packen – sagte ich zu dem Geschäftsführer. Mir war kalt bis auf die Knochen. Ich stocherte mit dem Schürhaken im Heizofen und fügte Torf hinzu. Rauch schlug aus der offenen Tür empor und verteilte sich im ganzen Raum. – Ich schätze, diesen Monat kriegen wir keine neuen Eisenbahnwagen? Ich nehme an, sie werden eine Sperre für die Waggons einführen?

Der Geschäftsführer verzog unfreiwillig das Gesicht. Er hockte sich auf einen Stuhl und klopfte mit seinen Fingern, die so zart waren wie die eines Pianisten, auf den Tisch.

– Was nützt es uns aber, wenn sie die Waggons wieder fahren lassen? – sagte er verbittert. – Der Ingenieur hat Angst, Zement und Gips behalten zu müssen, denn Kalk hat er nur für die Deutschen, um die Arbeiten am »Fort Bema«**fortzusetzen, also was wollen Sie nun? Dass wir aufblühen sollen? Die Grochowskie-Werke haben drei Waggons Zement bekommen, Borowik und Srebrny kriegen, was ihr Herz nur begehrt, und was machen wir? Firstziegel, Dachziegel, Splitt, Teerklebemasse, Schilfmatten!

– Übertreiben Sie nicht – sagte die Büroangestellte. – Wenn sie in den Schuppen herumgewühlt hätten, hätten sie dies und jenes gefunden …

---

*   Ein Viertel in Warschau.
**   Fort Bema, Festung im Viertel »Bemowo« in Warschau.

– Sicherlich, dies und jenes! Denn ich kann auf eigene Faust eins und eins zusammenzählen! Wer wäre sonst ins Lagerhaus gekommen? Ja, der Ladenbesitzer, aber zum Ausleihen von Gewichten!

Das Telefon schellte. Der Geschäftsführer drehte sich in seinem Stuhl um und griff nach dem Hörer, aber eine halbe Sekunde, bevor es die kleine Büroangestellte tun konnte. Er reichte ihn mir mit einer stummen Geste zurück.

– Unser Auto – flüsterte ich und bedeckte die Sprechmuschel mit meiner Hand. – Was soll ich sagen?

– Er soll fünfzig geben.

– »Fünfzig, abends«*? – sagte ich auf Deutsch zur Sprechmuschel. – Meinetwegen abends.

– Wunderbar, gehen wir also etwas essen, rieb sich der Geschäftsführer die Hände.

Die alte Frau saß unbeweglich auf dem Sofa wie ein in die Ecke getriebenes Tier. Der Geschäftsführer wirtschaftete im Zimmer herum, stellte die Brühe auf den Kocher und räumte den Tisch ab.

– Wenn der Ingenieur weniger Einkommen als wir kriegen wird, dann – erstens – wird er diese Göre rauswerfen, und – zweitens – haben Sie sich nun entschieden, oder noch nicht?

– Was soll ich denn gegen Sie haben? – sagte ich hoffnungslos. – Wir haben alles in den selbstgebrannten Schnaps reingesteckt. Sie wissen ja, wie das ist: Man hat ein paar Bücher gekauft, ein paar Lumpen und so. Auch das Papier hat auch was gekostet.

– Werden Sie wenigstens die Gedichte verkaufen?

---

*   Im Original auf Deutsch.

– Ich weiß nicht, ob ich sie verkauft kriege. Ich habe sie doch nicht für den Verkauf geschrieben. Sie sind weder Hohlziegel noch Teer – antwortete ich beleidigt.

– Wenn sie gut sind, so sollten die Leute sie auch kaufen – sagte der Geschäftsführer versöhnlich und biss in sein Brötchen. – Sie werden schon die paar Tausend zusammenkriegen und einkassieren. Sie haben das Zeug dazu.

Die alte Frau aß langsam, aber mit großem Appetit. Die massive goldene Zahnreihe tauchte mit Genuss in die Krume des Brötchens ein. Ich starrte auf ihren Glanz und schätzte instinktiv das Gewicht und den Wert des ganzen Kiefers ein.

Die Tür wurde wieder zugeknallt, ein Kunde trat ein. Der Pallottiner aus der benachbarten Kirche trug eine Hornbrille und lächelte schüchtern. Als er von der Straßenrazzia erfuhr, bestellte er ein paar Säcke Zement und gelben Splitt. Er zahlte im Voraus, aber gänzlich nur mit Złoty, wobei die Geldscheine gebündelt waren.

– Gelobt sei Jesus Christus – sagte er, setzte seinen schwarzen Hut auf und ging hinaus, wobei er mit seiner Soutane raschelte.

– In Ewigkeit – antwortete die Büroangestellte. Sie schloss die Heizofentür und wischte sich die Finger an einem Stück Zeitungspapier ab. – Was glauben Sie, was wird die alte Frau tun?

– Der Geschäftsführer wird für sie eine Wohnung finden. Die alte Dame hat viel zu viel Knete, um sie gehen zu lassen – sagte ich mit halblauter Stimme.

– Aber – schnaubte sie verächtlich – Sie wissen also gar nichts?

Als der Geschäftsführer wegging, rief die alte Frau ihre Tochter an. Sie können das Ghetto nicht mehr verlassen. Es ist bereits zu spät. Totale Sperre.

– Die alte Frau wird sich ein wenig sorgen und dann wieder damit aufhören.

– Das ist sehr wahrscheinlich.

Sie hüllte sich in einen abgetragenen Pelzmantel ein, machte es sich auf der Couch bequem und wandte sich wieder ihrem Buch zu. Sie zeigte keine Lust, das Gespräch fortzusetzen.

III

An den Abenden war ich allein im Lagerhaus, inmitten der Buchumschläge meines Gedichtbandes, die wie nasse Wäsche trockneten. Apoloniusz schnitt sie aus Papier im Folioformat aus, nachdem er sie an die Größe der Druckvorlage des Handvervielfältigers angepasst hatte, der mir für den Druck von äußerst wertvollen Radiodurchsagen und wertvollen Ratschlägen (zusammen mit Diagrammen) zur Durchführung von Straßenkämpfen in Großstädten ausgeliehen war und auch zum Druck von erhaben metaphysischen Hexametern verwendet wurde, die meine abweisende Haltung gegenüber den apokalyptischen Stürmen der Weltgeschichte zum Ausdruck brachten. Der Buchumschlag war auf beiden Seiten mit schwarzen und weißen Vignetten verziert, wobei eine sensationelle neue Vervielfältigungstechnik zum Einsatz kam: von einzelnen Teilen der Eiweißmatrize, die, auf einem Gitter aufgeklebt, weiße Flecken schufen, während das Gitter selbst – schwarze Flecken. Die Methode war sehr originell, aber sie verbrauchte zu viel Farbe, und die Buchumschläge trockneten schon seit einer eine Woche – allerdings ohne Ergebnis. Also nahm ich sie vorsichtig von den Schnüren herab, wickelte sie in dickes Pergament, packte sie dicht ein und legte sie unter das Holzsofa. Die Wolldecke, die bis zum Boden herabgelassen wurde, verdeckte ein kaputtes Radio, das auf einen Mechaniker wartete, ein koffergroßes Vervielfältigungsgerät, das so flach war wie eine Zigarrenschachtel, eine robuste Remington-Schreibmaschine, die aus dem Schuppen geholt wurde, um sie vor dem Regen zu schützen, und eine Reihe von Publikationen einer gewissen imperialistischen Organisation, die im Lagerhaus zur Verwahrung durch einen Freund deponiert worden war, der eigentlich von zu Hause wegziehen sollte, doch keine Kraft hatte, Sammel- und Antiquariatsleidenschaft aufzugeben.

Auch am Abend schrubbte ich, ohne meinen Rücken und meine Knie zu schonen, den Boden, wischte den Tisch ab und putzte ein wenig das Fenster, und als ich es in meinem Stübchen so ruhig und gemütlich wie in einem Ohr fand, deckte ich den leuchtenden Pilz mit einem seladongrünen Lampenschirm zu und schloss das Zimmer fürsorglich, damit es warm werden konnte.

Ich saß meist am Heizofen im Kontor. Ich machte mir akribische bibliografische Notizen, mit denen ich spezielle Schachteln füllte, schrieb die tiefsinnigen Sätze und treffende Aphorismen, die ich in Büchern fand, auf lose Blätter und lernte sie auswendig. In der Zwischenzeit setzte die Dämmerung ein und bedeckte auch die Blätter des Buchs. Ich hob meinen Blick zur Tür und wartete, dass Maria kommen würde.

Draußen vor dem Fenster verlor der Schnee sein Blau, indem er sich mit der Dämmerung vermischte wie mit grauem Zement. Die hohe Mauer des ausgebrannten Hauses, rostrot geworden wie ein feuchter Ziegelstein und schwarz angelaufen, erstarrte, als würde sie immer stiller werden, und der lautlose Wind hob rosa Rauchschwaden über die Gleise, riss sie in Fetzen und warf sie in den wie vor Kälte blau werdenden Himmel, als fielen Schneeflocken auf klares Wasser. Gewöhnliche Gegenstände, ein wie eine verfaulte Melone morastiger Berg aus Sand der Firma, der gewundene Pfad, das Tor, die Bürgersteige, die Mauern und die Häuser der Straße verschwanden in der Düsternis wie in einer steigenden Flut. Alles, was blieb, war das schwer fassbare Rauschen, mit dem die tiefste Stille pulsiert, ein heißer Puls, mit dem der menschliche Körper schlägt, und auch die leise Sehnsucht nach Objekten und Gefühlen, die der Mensch nie kennen wird.

Auf dem Hof herrschte immer noch reges Treiben. Der Kutscher holte Pakete aus dem dunklen Raum des Schuppens, wie aus einem Sack, und warf sie mit Schwung auf die Ladefläche seines Pferdewagens. Auf der Ladefläche stand mit gespreizten Beinen der Kalklöscher. Stöhnend griff er nach dem Gepäck und stopfte es auf dem Fuhrwerk geschickt zwischen die anderen Koffer und Taschen, als würde er Säcke mit Gips oder hydratisiertem Kalk stapeln. Vor lauter Anstrengung drückte er seine Wange mit der Zunge nach außen.

Der Geschäftsführer stand hinter dem Pferdewagen neben der alten Frau. Er hielt sich an einem Brett des Fuhrwerks fest und pulte mit dem Fingernagel geistesabwesend einen Holzsplitter ab.

– Ich weiß nicht, ich bin ja ganz anders erzogen worden – sagte er zu der alten Frau wütend und schürzte dabei die Lippen. – Aber meiner Meinung nach: Hätte man nicht gleich so handeln müssen? Wo ist hier euer Hirn abgeblieben? Wo ist euer Verstand? Wozu nun der ganze Ärger?

Die alte Frau neigte ihren Kopf mit dem Blumenhut zu ihrer Schulter. Auf ihren erdigen Wangen hatte sie durch den Frost Backen bekommen, die wie Rote Beete aussahen. Ihre Lippen zitterten vor Kälte. Hinter ihren Lippen schimmerten goldene Zähne hervor.

– Er soll beim Packen sehr vorsichtig sein – sagte sie scharf zu dem Kalklöscher. Ihr Gesicht zuckte bei jedem hineinzustopfenden Päckchen, als würde man sie selbst auf die Ladefläche schmeißen. – Jasio möge mir verzeihen – wandte sie sich an den Geschäftsführer – dass ich ihm das Leben schwer gemacht habe. Für Jasio hat es sich doch gelohnt, oder?

– Was soll denn schon Frau Doktor denken – sagte der Geschäftsführer und zuckte mit den Schultern. – Das Geld, das ich genommen habe, habe ich für die Wohnung ausgegeben, und die paar Klamotten, die Frau Doktor bei mir hat liegen lassen, kann man jederzeit … Aber damit werde ich nicht reich.

Die alte Frau, die an der grauen Wand des Schuppens so wirkte, als hätte sie einen Buckel, stampfte vor Kälte mit ihren Füßen, die in abgenutzten, ausgetretenen Hausschuhen steckten. Sie schniefte und ihre geröteten Augenlider zuckten, wie es bei Kurzsichtigen üblich ist. Sie sah den Verwalter mit Tränen in den Augen an, aber sie war still und lächelte.

– Ach Frau Doktor, du wirst sie alle nicht beschützen können. So und so wird's auf ein Unglück hinauslaufen – fuhr der Geschäftsführer fort und blickte auf den Boden, auf die Speichen des Rades und auf den Schlamm unter den Rädern. – Was, Frau Doktor weiß nicht, wie es passieren wird? Sie werden töten, verbrennen, zerstören, zertrampeln, und das war's dann auch. Ist es nicht besser, einfach zu leben? Ich glaube schon, dass eine Zeit kommen wird, in der man dem Menschen erlaubt, wieder in Ruhe Geschäfte zu machen.

Eine riesige Dieselmaschine mit einem Anhänger rollte auf die Straße, spuckte dabei Rauch und hielt vor dem Tor an. Der Geschäftsführer lächelte erleichtert und beeilte sich, den zweiten Schuppen zu öffnen, während ich durch den Schnee direkt zum Tor hüpfte. Der Traktor schob sich mit dem Hinterteil auf den gegenüberliegenden Bürgersteig und hielt wie ein Käfer, der aus dem Rinnstein in den Hof krabbelt, vor dem sperrangelweit aufgerissenen Schuppen an. Aus der Fahrerkabine sprang der Chauffeur herunter, in einem schmutzigen Overall und mit einem deutschen Schiffchen, das verwegen auf seinem rabenschwarzen, glänzenden Haar thronte.

– »Abend.«* Fünfzig? – fragte er, und nachdem er schwungvoll in die Hände geklatscht hatte, betrat er mit schwingenden Hüften den Schuppen. Er schaute sich interessiert in allen Winkeln um.

– Oh là, là! Habt ihr alles verkauft? – sagte er und schmatzte mit den Lippen. – Großer Umsatz, großer Gewinn. Aber jetzt werden es zehn Złoty mehr pro Sack, teuer. Fünfunddreißig für jeden?

– Diese Nummer wird nicht funktionieren – sagte der Geschäftsführer und spreizte die Hände mit einer bedeutungsvollen Geste.

– Zweiunddreißig. Auf dem Markt geht's auch für fünfundfünfzig und teurer – sagte der Soldat geduldig.

– Hat er denn Leute zum Ausladen? – fragte mich der Geschäftsführer.

– Die muss man sich nehmen.

– »Keine Leute«** – grinste der Soldat breit. Er hatte gesunde Pferdezähne und glänzende, sorgfältig glatt rasierte Wangen. Er ging zum Anhänger hinüber und gab das Kommando, nachdem er dessen Plane losgebunden hatte: – »Meine Herren, raus«***! – Bitte – »ausladen«****!

Die beiden auf den Zementsäcken schlummernden Arbeiter warfen ihre Mäntel ab, mit denen sie sich zugedeckt hatten, und

---

*   Im Original auf Deutsch.
**   Im Original auf Deutsch.
***   Im Original auf Deutsch.
****   Im Original auf Deutsch.

sprangen von dem Schrei erschrocken aus dem tiefen Innenraum des Fahrzeugs nach draußen und ließen die Abdeckung
herunter. Der eine rollte die Taschen bis an den Rand der Ladefläche, der andere packte sie mit den Händen, drückte einen
flachen Sack an seine Brust, trug ihn in die Lagerhalle und warf
ihn mit einem lauten Knall auf den Boden. Ich erklärte ihm, wie
man den Zement stapelt, und band die Säcke zusammen, damit
der Haufen nicht umkippte, und dann zum Teufel damit.

Der Helfer des Chauffeurs, der im Fahrerhaus schlummerte,
lehnte sich aus dem Fenster.

– Die sollen sich beeilen, Peter. Wir müssen gleich weiter.

Er stützte sich auf seine Ellbogen und starrte schläfrig ins
Innere des Schuppens. Das Damengoldarmband baumelte lose
an seinem Handgelenk. Seine Hände waren behaart, seine Ge-
sichtshaut olivenfarben und schwarz vom Dreitagebart.

– Schneller, schneller, »du alter Slave«* – brummte er durch
die Zähne. Als er meinem prüfenden Blick begegnete, lächelte
er freundlich.

Im Schuppen hob mir ein mit Zement bemehlter Arbeiter
(wenn man nicht weiß, wie man mit der Ware umgehen muss,
reißt man immer ein paar Säcke auf und beschädigt sie beim Rü-
bertragen) sein silbernes, zementverschmiertes Gesicht zu und
fragte flüsternd, während er vortäuschte, sich mit dem Hand-
rücken die Augen zu reiben:

– Es gibt noch fünf weitere Säcke. Werden Sie diese heute
auch mitnehmen?

– Zwanzig für jeden – murmelte ich, ohne meine Lippen zu
bewegen. – »Komm«** mit ins Kontor. Wir rechnen dann ab –
sagte ich zu dem Soldaten. Er löschte das Streichholz, trat sorg-

---

*   Im Original auf Deutsch.
**   Im Original auf Deutsch.

sam mit der Sohle auf es. Er inhalierte den Rauch mit Lust. Ein schwacher rosa Schimmer erhellte seine Wangen und spiegelte sich in seinen Augen wider.

– »Fünfzig«* Stück? Fünfzig? – zeigte er dem Arbeiter fünf gespreizte Finger.

– »Ja, ja, Chef«**, ich zähle doch! Keinen einzigen mehr! – rief der Helfer eifrig unter der Plane.

Der Kutscher war gerade dabei, das Beladen des Pferdewagens zu beenden. Der Kalklöscher stopfte das Gepäck tiefer hinein und zurrte die Schnüre fest. Jetzt verschnürten sie die Ladefläche sorgfältig wie ein Paket mit Glas. Sie wussten, wie man packt. In der Mitte versteckten sie die wertvolleren Dinge, lederne Koffer und Zeltstoffsäcke mit Unterwäsche, während sie an der Oberfläche und an den Seiten geflochtene Körbe, Hocker und klapperndes Geschirr platzierten. Das Fuhrwerk mit der Ladefläche stand ungeduldig da wie eine Arche. Die alte Frau trippelte vor dem Schuppen hin und her und hatte ihre beiden Hände in einem Muff. Als sie einen Soldaten in der Nähe vorbeigehen sah, bekam sie Angst und versteckte sich hinter der Tür des Lagerhauses.

– Umzug? – fragte der Chauffeur beiläufig.

– Umzug, natürlich ein Umzug, was denn sonst?

Der Himmel wurde immer kleiner, enger und legte sich lautlos über die Düsternis wie ein Vogel, der sich herabfallen lässt. Der blattlose Baum am Weg rang erbittert mit dem Wind, wie ein Mensch, der nie aufgeben will.

– Ihr habt aber ein friedliches Leben – sagte der Soldat mit gutmütiger Verachtung. – Während unsereins für euren Seelenfrieden kämpft.

---

*   Im Original auf Deutsch.
**   Im Original auf Deutsch.

Der Geschäftsführer bat darum, sich zu setzen. Er telefonierte gerade mit seiner Frau.

– Ist das Abendessen nun gelungen oder nicht? Rote Beete – nein. Nimm Kohl stattdessen. – Er lächelte verständnisvoll. – Das Kind? Schläft es noch? Weck es auf, es schläft schon seit zwei Stunden.

– Die Bücher haben sich vermehrt, oder? – sagte der Soldat, als er die Tür zum Zimmer anlehnte. – Oh, was für eine Stimmung! Und jetzt sollte man nur noch das Pathéphone starten! Fräulein, was nun, Fräulein? – Er zeigte mit dem Finger auf einen roten Morgenmantel auf einem Kleiderbügel. Er schaute sich die Gemälde von Apoloniusz an, eine Bettlerin an einer rauen Wand, die ein Kind mit Kulleraugen an der Hand hält, und ein Stillleben mit einem gelben Krug. Er brachte Schlamm und Soldatengestank in das Zimmer.

Der Geschäftsführer fischte ein Päckchen mit ordentlich gebundenen Geldscheinen aus seiner Brieftasche und reichte es dem Chauffeur, nachdem er sie in einem gebetsartigen Flüsterton gezählt hatte.

– Mittwoch wieder, nächste Woche, ja? – fragte der Chauffeur.

– »Ist gut«* – sagte der Chauffeur – »ist sehr gut«**. Sehen Sie, Herr Tadzik, wenn man sein eigenes Lager hätte, würde man sich zusammen mit der Ware nicht verstecken. Man würde sie ein paar Tage zurückhalten, und der Gewinn wäre einem dann sicher.

– Die Büroangestellte wird sofort zum Ingenieur eilen.

– Sie wird es nicht glauben, wenn sie nichts findet … Wir werden die Ware ab Lager an die Czerniaków Betriebe abtreten. Aber trotzdem muss der Ingenieur es gut mit uns meinen. Er hat

---

*   Im Original auf Deutsch.
**   Im Original auf Deutsch.

Geld in das Abstellgleis gesteckt und verdient auch was nebenbei – sagte der Geschäftsführer prahlerisch.

– Kombinieren Sie lieber, wie Sie diesen Schuppen kaufen
können. Ich würde das, was ich dann hätte, einfach dazulegen.

– Und was ist, wenn sie das Bauen ganz verbieten?

– Sie verbieten es jetzt auch, na und? Die Leute bauen trotzdem. Leben können Sie nur von dem, was Sie grade in Ihrer
Schublade haben. Der Platz und die Schuppen werden für die
Zeit nach dem Krieg bleiben. Als ein gefundenes Fressen. Nun,
sehen Sie, lassen Sie uns die alte Dame nach Hause begleiten.

– Sie hat ihre Schreibmaschine bei Ihnen vergessen – sagte
der Geschäftsführer. Er kämmte sich mit der Hand die Haare
zurück und setzte sich mit einer gewissen Eleganz seine Stra-
ßenbahnmütze auf. Auf der Straße täuschte er vor, Straßenbahn-
fahrer zu sein. Er fuhr umsonst mit der Straßenbahn und fühlte
sich vor der Razzia sicher.

– Die Schreibmaschine wird dem Unternehmen nützlich sein.

– »Ja, ist gut.«* – Der Soldat zählte das Geld, steckte es in
die Tasche seines Overalls, schüttelte uns herzlich, aber nicht
überschwänglich die Hand und ging mit knirschenden Stiefeln
davon.

Der Kutscher nahm dem Pferd den Sack mit dem Futter ab,
zündete die Laterne an, hakte sie unter dem Wagen ein, nahm
die Zügel in die Hand, ließ sie feierlich schnalzen, und das Fuhrwerk mit der Ladefläche setzte sich, von einem blutig flatternden
Schein erleuchtet wie ein Karnevalswagen, knarrend in Bewegung, fuhr durch das Tor und tauchte auf der Straße unter wie
in einer schattigen Allee.

---

* Im Original auf Deutsch.

Zwischen einer Bettdecke, die so purpurrot wie trockene Lippen und mit einer weißen Gardinenkordel zusammengeschnürt war, und den prallgestopften Koffern saß die alte Jüdin, allerdings zusammengerollt wie ein Fuchs und mit eingezogenen Beinen, von oben von der Platte eines schräg geneigten Tisches bedeckt, dessen Beine wie tote Stümpfe in den Himmel ragten und bei jeder Bewegung des Pferdewagens mit der Tischplatte zusammenhüpften, wobei sie ihm rachsüchtig zu drohen schienen. Die alte Frau hatte die Augen geschlossen und den Kopf in ihren Pelzkragen geschmiegt, offenbar schlummerte sie. Ein paar schäbig gekleidete Kinder rannten hinter dem Fuhrwerk her, in der Hoffnung, etwas stehlen zu können.

Die Straße wurde jeden Abend lebendiger. Am dunkelblauen Himmel rollte der goldene Mond wie eine Ananasscheibe den Federwolken entgegen und fiel metallisch glänzend auf das Dach der Straße, auf die schützenden Mauern, auf den wie silbernes Blech knirschenden Schnee des Fußwegs. Vor der Schule ging ein stattlicher Gendarm auf und ab, in der Dämmerung ganz blaugefärbt. Die Fräulein aus der Wäscherei rauschten unter der violetten Laterne vorbei und verschwanden im Schatten des verbrannten Hauses. Aus dem Laden des Krämers kamen angeheiterte Polizisten heraus, um ihren Nachtdienst zu beginnen. Das Glöckchen in der kleinen Kirche, die mit unserem Zement und Kalk renoviert wurde, begann fröhlich wie ein spielendes Kind zu zwitschern und verscheuchte die auf der Brüstung des Glockenturms schlafenden Tauben, die mit Geflatter über den Turm stiegen und schläfrig wie Blütenblätter der Chrysanthemen auf das Dach glitten.

Der Traktor mit dem Zement fuhr vorsichtig an den Kalkgruben vorbei und verließ zum Abschied hupend den Hof. Ich sprang zum Anhänger herüber und steckte das Geld in die ausgestreckte Hand des Arbeiters.

– Es waren zehn, zehn! – schrie er und verschwand hinter der Plane.

– Wir haben alles, was für den heutigen Tag geplant war, erledigt – sagte der Geschäftsführer, als er den Riemen an seinem Straßenbahnmantel umlegte. Er zog den Gürtel richtig fest, ein wenig mit Gewalt, denn er mochte es, schlank zu erscheinen. – Sie bleiben leider allein. Ihre Verlobte kommt wohl nicht mehr?

Ich habe Angst um sie – antwortete ich. – Die Straßenrazzia dauert schon den ganzen Tag. Sie müssen eine Menge Leute gefangengenommen haben.

– Was soll man machen – der Geschäftsführer seufzte schwer. – Ihre Verlobte kriegt es vermutlich nicht hin, zu Ihnen durchzukommen. – Er steckte ein gehöriges Stück Fleisch, das er für das morgige Mittagessen ausgesucht hatte, in seine Aktentasche.

– Warten Sie mal, ich gehe los, um etwas für das Abendessen zu kaufen. Nach diesem dummen Tag hat man mächtig Hunger. – Wir gingen auf die Straße hinaus und schlugen das Tor zu. Der deutsche Traktor sperrte die Ausfahrt der Straße, holperte und rauchte. Auf dem Bürgersteig versammelten sich Passanten und blickten auf den Platz. Am Rinnstein stand das Fuhrwerk mit Bettzeug. Der Kutscher wartete geduldig auf eine freie Fahrt.

Der Abend schritt immer schneller voran. Jenseits des schwarzen Feldstreifens, über der silbernen Strömung des Flusses und vor dem Hintergrund des Himmels spannte sich eine Steinbrücke wie ein Bogen. Am anderen Ufer versank ein schwarzer Brocken Stadt in einer sumpfigen Dunkelheit. Über ihm ragten hohe Säulen quecksilbrigen Scheinwerferlichts in den Himmel, sie durchstrichen ihn und fielen wie Marionettenarme träge zu Boden. Die Welt verengte sich für einen Moment und bestand nur noch aus einer einzigen Straße, die wie eine offene Ader pochte.

Knirschend und im vollen Licht der Scheinwerfer rollten über die Fahrbahn die mit Menschen vollgestopften Lastwagen, wobei sie andauernd in die Schlaglöcher rumpelten. Die Gesichter der Menschen erschienen, wenn sie hinter der Plane hervortraten, weiß, als wären sie mit Mehl bestäubt, und sie verschwanden, wie vom Winde weggepustet, in der Dunkelheit. Motorräder, besetzt mit Soldaten in Stahlhelmen, tauchten unter der Überführung auf und verschwanden, mit den Flügeln ihrer Schatten flatternd wie monströse Schmetterlinge, mit einem Knall hinter den Autos. Der erstickende Rauch von Verbrennungsmotoren breitete sich auf der Fahrbahn aus. Die Kolonne bewegte sich in Richtung der Brücke.

– Die haben jede Menge Leute während der Razzia gegenüber der orthodoxen Kirche aufgegriffen – sagte der Ladenbesitzer hinter mir. Er legte seine Hände schwer auf meine Schultern. Seine Wodkafahne strömte einem entgegen und er stank nach Machorka. – Möge sie die Erde verschlingen!

– Die werden sich jetzt uns vorknöpfen – sagte der Polizist grimmig, dessen Gurt unter dem Kinn geschnallt worden war, wie es die Dienstvorschriften vorsahen. Er nahm seine Mütze ab und wischte sich mit dem Ärmel über die Stirn. Der rote Striemen, den die Mütze auf seinem kahlen Kopf als Abdruck hinterlassen hatte, wurde in der Kälte weiß. – Nun, ja – fügte er durch die zusammengebissenen Zähne hinzu.

– Diese Jüdin, wird sie bei euch ausziehen? – flüsterte der Ladenbesitzer vertraulich. – Und wie schnell?

– Sie zieht woandershin.

– Was passiert dann mit der Wohnung? – machte sich der Ladenbesitzer Sorgen. Er lehnte sich dicht an sein Ohr. – Ich habe bereits mit den Menschen geredet. Der Geschäftsführer sollte heute eine Anzahlung leisten.

– Dann suchen Sie doch den Geschäftsführer – sagte ich ungeduldig und schüttelte seine Pfoten.

– Entschuldigung – flüsterte der Ladenbesitzer. Das Scheinwerferlicht fuhr über sein Gesicht. Er blinzelte mit den Augenlidern, um dem grellen Licht auszuweichen. Der Scheinwerfer beleuchtete das Innere der Straße, das Gesicht des Ladenbesitzers war in Dunkel gehüllt.

– Sie geht zurück ins Ghetto. Sie hat dort eine Tochter, die nicht mehr raus kann.

– Aber sicher – sagte der Ladenbesitzer mit Überzeugung. – Zumindest wird sie mit ihr zusammen menschenwürdig sterben … – seufzte er schwer und starrte auf die Straße.

In der Kurve der Allee hatte sich ein Stau gebildet. Die Kolonne kam zum Stillstand, die Autos rückten näher aneinander. Es folgten heisere Rufe. Motorräder rollten hinter den Autos hervor und beleuchteten mit ihren Scheinwerfern die Fahrbahn, die Straßenbahnen, die Gehwege und die Menschenmenge. Die Scheinwerfer glitten über die Gesichter der Menschen wie über gebleichte Knochen; sie spähten in die schwarzen, blinden Fenster der Wohnungen; sie erwischten die leuchtenden grünen Laternen des im Halbtakt angehaltenen Karussells mit den auf seinen Bahnen wackelnden buntscheckigen Schaukelpferden, Schwänen mit sanft geschwungenen Hälsen, Holzautos, Fahrrädern; sie ertasteten die Tiefen des Pferdehofs; sie berührten das Zoo-Zelt mit dem Krokodil, dem Wolf und dem Kamel, untersuchten das Innere der Straßenbahnen, die mit erloschenen Lichtern parkten, zögerten wie der Kopf einer gereizten Schlange, ob sie nach links oder rechts aufbrechen sollten, kehrten zu den Menschen zurück, blendeten ihre Augen erneut und richteten sich auf die Autos.

Marias Gesicht, umrandet von der breiten Krempe eines schwarzen Hutes, war kalkweiß. Ihre leichenblassen Hände legte sie spasmatisch, als ginge es um eine Geste des Abschieds, an ihre Brüste. Sie stand auf der Ladefläche eines der LKWs, eingezwängt in die Menschenmenge und direkt neben einem Gendarmen. Sie starrte mit der Intensität einer Blinden in mein Gesicht – direkt ins Scheinwerferlicht. Sie bewegte ihre Lippen, als wolle sie etwas rufen. Sie schwankte, fiel fast hin. Der LKW erbebte, heulte auf, ruckte plötzlich an und rollte los. Ich wusste überhaupt nicht, was ich tun sollte.

Wie ich später erfuhr, wurde Maria als arisch-semitischer »Mischling«* mit einem jüdischen Transport in ein berüchtigtes Lager am Meer gebracht und in einer Gaskammer des Krematoriums vergast, wonach ihr Körper sicher zu Seife verarbeitet wurde.

---

* Im Original auf Deutsch.

Ein Junge
mit einer Bibel

Der Aufseher öffnete die Tür. Ein Junge trat in die Zelle ein, blieb aber an der Schwelle stehen. Die Tür fiel hinter ihm zu.

– Wofür haben sie dich eingebuchtet? – fragte Kowalski, der Schriftsetzer von der Bednarska-Straße.

– Für nichts – antwortete der Junge und fuhr sich mit der Hand über den geschorenen Kopf. Er war in eine abgetragene schwarze Schüleruniform gekleidet. Über seine Schulter hatte er sich einen Wintermantel mit Lammfellkragen gehängt.

– Weshalb wollen sie den einsperren? – sagte Kozera, ein Schmuggler aus Małkinia. – Schließlich ist er ja noch eine Rotznase. Vielleicht obendrein ein Jude?

– Ihr solltet so'n Zeug lieber nicht plappern, Kozera – meinte Szrajer, ein Beamter von der Mokotowska-Straße, der an der Wand lehnte. – Der Junge sieht überhaupt nicht so aus.

– Hört auf zu labern, sonst denkt er, dass hier nur Verbrecher herumsitzen – sagte der Schriftsetzer Kowalski. – Setz dich, Junge, auf die Strohmatratze. Es gibt nichts, worüber man sich den Kopf zerbrechen sollte.

– Er soll sich da lieber nicht setzen, denn das ist der Platz von Mławski. Der kann jederzeit von seiner Untersuchung zurückkommen – sagte Szrajer von der Mokotowska-Straße, bei dem sie Zeitungen gefunden hatten.

– Was soll das? Seid Ihr völlig verrückt geworden, alter Mann? –wunderte sich der Schriftsetzer Kowalski. Er rückte rüber, um Platz für den Jungen zu machen. Der Junge setzte sich und legte seinen Mantel auf seinen Schoß.

– Was glotzt du denn? Ein Keller halt und nichts weiter. Hast du wohl nie gesehen, was? – fragte Matula, der vorgetäuscht hatte, Gestapooffizier zu sein, indem er in langen Stiefeln und einer Lederjacke bei Bauern aufkreuzte und Schweine requirierte.

– Nein, hab ich noch nie gesehen – antwortete der Junge mürrisch.

Die Zelle war klein und niedrig. In der Dämmerung glitzerte Feuchtigkeit an den Kellerwänden. Die schmutzige, verzogene Tür war mit Daten und Namen bedeckt, die mit einem Taschenmesser eingeritzt waren. Ein Eimer stand neben der Tür. Auf dem Betonboden zur Wand hin lagen zwei Matratzen. Die Menschen saßen zusammengekauert und berührten einander mit ihren Knien.

– Schau's dir an, aber genau bitte – lachte Matula. – Du wirst es sonst nirgendwo anders sehen. – Er macht es sich auf der Strohmatratze bequemer. – Ziehst du noch eine? – fragte er.

– Zieh ich – sagte ich und suchte die Karte aus. – Für mich selbst.

Er nahm drei Karten. Er sah sie an.

– Es soll geschehen, was geschehen muss. Es reicht.

– Zwanzig. – Ich legte die Karten offen aus.

– Ich habe verloren – sagte Matula. Er schüttelte Staub von seinem Knie ab. Seine Reithosen behielten ihre Bügelfalten. – Diese Brotschnitte gehört dir. Aber die Karten sind immer noch gezinkt.

Im Flur knackten die Lichtschalter. Ein schwaches Licht leuchtete an der Decke auf. Ein Stück dunkelblauen Himmels und ein Dachfragment der Küche steckten in einem Fenster unter der Decke. Die Gitterstäbe in der Öffnung waren komplett schwarz.

– Wie ist dein Name, Junge? – fragte der Beamte Szrajer. Außer den Zeitungen hatten sie bei ihm noch Quittungen für das gesammelte Geld aufgestöbert, das er »organisiert«* habe, in Wahrheit also nur für sich selbst verwenden wollte. Er hatte sich den ganzen Tag nicht von seiner Strohmatratze bewegt und kaute ständig auf seinem künstlichen Kiefer herum. Seine Ohren wurden vor Hunger immer größer.

– Ach, gleich so ne Frage, wie ich denn heiße – sagte der Junge verächtlich. Mein Vater ist Bankdirektor.

– Dann bist du also der Sohn des Bankdirektors – sagte er und drehte sich zu ihm um.

Der Junge saß über ein Buch gebeugt. Er hielt es nah an seine Augen. Sein Mantel lag ordentlich gefaltet auf seinem Schoß.

– Aha, ein Buch. Was ist das für ein Buch?

– Die Bibel – sagte der Junge, ohne seinen Blick von dem Buch abzuwenden.

– Die Bibel? Glaubst du, dass sie dir hier helfen wird? Sie wird dir verdammt nur falsch helfen – begann der Schmuggler Kozera an der Tür zu reden. Er ging in breiten Schritten von Wand zu Wand, zwei Schritte vor, zwei Schritte zurück, Drehung auf der Stelle. – So und so kriegt man aufs Maul und dann eine Kugel.

– Aber wer auch immer dran ist – sagte ich und nahm wieder Karten von Matula. – Einundzwanzig.

– Ich bin gespannt, wen sie heute aus unserer Zelle aufrufen werden? – sagte Szrajer von der Mokotowska-Straße. Er rechnete immer noch damit, dass sie ihn erschießen würden.

– Schon wieder? – sagte der Schriftsetzer Kowalski feindselig.

---

*   Im Auschwitz-Jargon: »organisieren« meint etwas beschaffen zum Überleben; organizacja, Poln. für Organisierung, Organisation, s. Glossar.

– Lass uns noch einmal spielen – sagte der Gestapomann Matula. Sein Revolver hatte bei der letzten Beschlagnahmung geklemmt. – Wer wagt, gewinnt, aber leben muss man trotzdem.

Die Karten wurden aus Pappkarton eines Pakets hergestellt. Die Figuren hatten diejenigen, die vor uns hier waren, mit einem Kopierstift gezeichnet. Jede einzelne Karte war von Bedeutung, weil gezinkt.

– Es wird ihm schon nichts passieren – sagte ich und mischte die Karten. – Er muss ein wenig herumsitzen, der Papa wird schon richtig Kohle hinblättern müssen, die Mama wird denjenigen anlächeln, den man anlächeln muss, und schon werden sie den Jungen wieder freilassen.

– Ich habe keine Mutter – sagte der Junge mit der Bibel. Er hielt das Buch noch näher an seine Augen.

– Ja, ja – sagte der Schriftsetzer Kowalski und legte seine Hand etwas bedeutungsschwer auf den Kopf des Jungen. – Wer weiß, ob wir morgen noch am Leben sind?

– Schon wieder? – sagte der Beamte Szrajer von der Mokotowska-Straße.

– Mach dir keine Sorgen – sagte ich zu dem Jungen. – Die Hauptsache ist, dass sie sich deinetwegen keine Sorgen machen. Das ist das Schlimmste. Wann haben sie dich verhaftet?

– Sie haben mich nicht verhaftet – antwortete der Junge.

– Bist du nicht auf dem Polizeirevier* gewesen? – fragte der überraschte Kozera, der Schmuggler aus Małkinia.

– Nein, war ich nicht – antwortete der Junge. Er faltete das Buch sorgfältig zusammen und verbarg es in der Tasche seines Mantels. – Ich wurde auf der Straße gefasst.

---

*   Im Original auf Deutsch, »Polizei«.

– Gab es heute eine Razzia? In welcher Straße? – fragte besorgt der Beamte Szrajer, bei dem sie die Zeitungen und Quittungen fanden. Er hatte zwei Töchter, die den gymnasialen Untergrundunterricht besuchten. Er hoffte, ein Lebensmittelpaket von zu Hause zu bekommen.

– Da stimmt etwas nicht – sagte der Schriftsetzer Kowalski. – Wenn es eine Razzia gegeben hätte, hätten sie einen ganzen Haufen Leute hierhergebracht, nicht nur ihn allein. Und wir hätten hier davon gehört.

– Oder kannst du etwa das Gefängnistor von diesem Loch aus sehen? – fragte ich, während ich in Richtung des Fensters unter der Decke nickte. – Du siehst hier nur das Dach der Küche und einen Teil der Werkstatt.

Ich zeigte dem Gestapomann Matula meine Karten:

– Neunzehn.

– Kommt drauf an, was »von hier aus« meint – sagte Kozera, der Schmuggler aus Małkinia. Er hatte Speck ins Generalgouvernement geschafft und wurde an einem klassischen Ort, nämlich an der Grenze, erwischt. Er stand an der Tür und schaute zum Fenster. – Von der Tür aus kann man mehr sehen. An der Küche vorbei läuft ein »Wachmann«* mit einem Hund. Sie werden Kartoffeln für morgen entladen.

– Schon wieder über einundzwanzig – sagte Matula und warf seine Karten auf die Strohmatratze. – Ich habe kein Glück. Wahrscheinlich werden sie mich abholen. Warum auch sollten sie mich hierher verlegen? Nur um mich abzumurksen, nicht wahr?

---

*   Im Original auf Deutsch.

– Hast du gedacht, um in Freiheit zu leben? – meldete sich der Schmuggler Kozera zu Wort. Er ging mit großen Schritten zwischen den Strohmatratzen und der Tür auf und ab.

– Also – sagte Matula und seufzte. – Vielleicht werde ich mich revanchieren. Wenn nicht, gehört die morgige Schnitte Brot dir.

Er begann, die aus einem Pappkarton gemachten Karten ab-zuheben.

– Wenn sie dich heute abholen, was soll ich dann morgen mit deiner Brotschnitte anfangen? – Ich streckte meine Hand aus. – Gib mir die Karten.

– Ich wurde von einem Polizisten in der Kozia-Straße er-wischt –sagte der Junge.

– Von einem Dunkelblauen? Ich nämlich auch – sagte der Schmuggler Kozera.

– Von einem gewöhnlichen Polizisten. Und er hat mich dann hierhergebracht.

– Direkt zum Tor? Durch das Ghetto? Das ist doch nicht wahr – sagte Szrajer, der Beamte von der Mokotowska-Straße.

– Er brachte mich in einer Kutsche. Er sagte, es sei sehr spät, sonst hätte er mich zur »Polizei«* gebracht. Aber so setzte er mich am Tor ab – sagte der Junge und lächelte alle an.

– Er hatte einen Sinn für Humor – sagte ich zu dem Jungen. – Du hast bestimmt mit Farbe auf eine Mauer was geschrieben, oder?

– Mit Kreide – antwortete der Junge.

– Musstest du denn unbedingt malen? – sagte Kowalski, der Schriftsetzer von der Bednarska-Straße. – Der Hauswart wird bloß deinetwegen eine Aufgabe haben. Ich wünschte, ich wäre dein Vater. – Er streichelte den rasierten Kopf des Jungen.

---

* Im Original auf Deutsch.

70

– Kowalski, warum aber hast du die Zeitung in der Bednarska-Straße gedruckt? – fragte der Schmuggler Kozera. Er ging mit breiten Schritten von Wand zu Wand.

– Ich habe ja gar keine Zeitung gedruckt. Ich wollte nur eine Ottomane kaufen.

– Ausgerechnet in der Untergrunddruckerei, was? – Verloren. – Ich übergab die Karten dem Gestapomann Matula.

– »Narr. So passend (…) wie Eure französische Krone für die Hand Eurer taftnen Dirne.« Das ist Shakespeare, Schriftsetzer Kowalski.

– Noch einmal, dann werde ich mich revanchieren – sagte Matula und begann, die Karten zu mischen.

– Das reicht. Und die zwei Scheiben Brot sind nun meine. – Ich hob das Kartendeck ab.

– Ich bin genauso unschuldig erwischt worden wie du – sagte Kowalski, der Schriftsetzer von der Bednarska-Straße.

– Du weißt ganz genau, dass ich nur losgegangen bin, meine Verlobte zu suchen, weil sie seit zwei Tagen nicht mehr nach Hause gekommen war.

– Zu den Büchsenmachern, was? – lachte der Schriftsetzer Kowalski.

Ich beugte mich hinüber zu dem Jungen und berührte ihn mit meiner Hand.

– Lässt du mich später ein bisschen lesen?

Der Junge schüttelte verneinend den Kopf.

– Und überhaupt, woher soll ich das wissen? – sagte der Schriftsetzer Kowalski. – Schließlich klebte die Bekanntmachung an der Litfaßsäule.

Wir verstummten. Ein fahles Licht brannte an der Decke. Wir saßen auf zwei zerrissenen Strohmatratzen. In der Ecke am Fenster saß, nach vorne gebeugt und den Kopf auf die Knie gestützt, der Beamte Szrajer von der Mokotowska-Straße, dessen zwei Töchter den gymnasialen Untergrundunterricht besuchten. Seine Ohren wurden immer größer. Der Gestapomann Matula, der die Beschlagnahmungen durchgeführt hatte, saß mit dem Rücken zur Tür und schirmte die auf der Strohmatratze ausgebreiteten Karten ab. Auf der anderen Strohmatratze saß Kowalski, der Schriftsetzer von der Bednarska-Straße, der in der Untergrunddruckerei die Ottomane gekauft hatte. Neben ihm saß der Junge, der mit Kreide auf die Mauern schrieb und die Bibel las. Kozera, der Schmuggler aus Małkinia, ging zwischen den Strohmatratzen und der Tür auf und ab.

Die Tür war schwarz und niedrig, voll mit eingeritzten Namen und Daten. Hinter dem schwarzen Gitter des eingeschlagenen Fensters glitzerte ein rostfarbenes Stück Küchendach, und der violette Himmel leuchtete hell. Darunter war eine Mauer. Auf der Mauer Türme mit Maschinengewehren.

Weiter hinter der Mauer lagen die unbewohnten Häuser des Ghettos mit leeren Fenstern, in denen Federn aus zerrissenen Kissen und Steppdecken in der Luft flatterten.

Der Beamte Szrajer hob seinen Kopf von den Knien und sah den Jungen mit der Bibel an.

Der Junge las wieder, hielt das Buch nah an seine Augen. Auf dem Korridor waren plötzlich Schritte zu hören. Die Eisenplatten, die den Boden bedeckten, ertönten, und die Zellentüren begannen zu rasseln.

– Endlich sind sie gekommen – sagte der Schriftsetzer Kowalski, der zusammen mit Szrajer zugehört hatte. – Bin neugierig, wie viele neue.

– Diese Ware wird nie ausgehen. Da muss man nicht großartig schmuggeln. Sie kommt schon von alleine – sagte Kozera, der Schmuggler aus Małkinia.

– Wenigstens hat's den Vorteil, dass sie uns sagen, was in der Welt vor sich geht – sagte Matula, der zu den Beschlagnahmungen gegangen war und auf die Vollstreckung des Todesurteils wartete.

– Vor zwei Wochen seid ihr noch in dieser Welt gewesen – sagte der Beamte Szrajer. – Und? Wusstet ihr viel darüber, was auf ihr vor sich geht?

– Aber ich weiß doch nicht, ob ich in zwei Wochen noch auf der Welt sein werde – antwortete Matula.

– Was kümmert es dich dann, was hier vor sich geht? Du kriegst so und so eine Kugel verpasst. Du kriegst eine Kugel, nicht wahr? – sagte Kozera.

– Wenn aber der Krieg bald zu Ende gehen würde, würde man vielleicht keine Kugel verpasst kriegen, oder?

– Das polnische Gericht würde dich wegen Raub auch schnellstens abknallen – sagte der Schriftsetzer Kowalski.

– Und dir würde es das Verdienstkreuz dafür verleihen, dass du die Ottomane gekauft hast.

Die Zellentür öffnete sich. Mławski, der zu einem Verhör gefahren war, kam herein. Die Tür fiel hinter ihm zu.

– Wie geht's, Jungs? – fragte er. – Ich hatte heute eine Heidenangst. Ich dachte, ich würde über Nacht bleiben. Sie kamen aber mit einem zweiten Wagen angefahren.

– Die Bäume blühen jetzt bestimmt schon, oder? Die Leute laufen auf den Straßen hin und her, als ob nichts wäre? Nicht wahr? – fragte ich und drehte die Karten in meiner Hand.

– Hast du es nicht selbst gesehen, als du vorbeigefahren bist? Die Leute leben, sie leben.

– Hier hast du deine Suppe. – Der Schriftsetzer Kowalski reichte ihm eine Schüssel mit dem Abendessen. – Deine Mittagssuppe haben sie verputzt.

– Zum Mittag gaben sie uns Erbsensuppe mit Brot. Sie füttern uns gar nicht so übel.

– Aber dafür heizen sie luxuriös – sagte Mławski. Er stand neben der Strohmatratze und schnitt mit einem Löffel die Suppe, die wie Gelee geronnen war.

– Und wie ist es gelaufen? Wirst du sitzen?

– Was hab ich da gekriegt! Das ist ja nichts. Ich war bloß in der Straßenbahn. Wir waren mal mit einem Referenten befreundet. Er machte Geschäfte mit meinem Vater in Radom. Du weißt ja, wie das ist, nicht wahr? – Ohne Eile schöpfte er die Suppe mit vollen Löffeln. – Ich mag diese saure Mehlsuppe. Manchmal hat sie einen guten Geschmack, auch wenn sie kalt ist. Wie zu Hause. Heute gibt es eine Menge Kartoffeln.

– Ich habe dem Kalifaktor* gesagt, dass es für dich ist. Er hat deshalb die Suppe ganz unten geschöpft – antwortete ich.

– Und was hat der Referent gesagt? – fragte der Beamte Szrajer, bei dem sie die Zeitung und Quittungen gefunden hatten.

– Er hat nichts gesagt – antwortete Mławski unwirsch. Er stellte die Schüssel am Kübel ab und zog seinen Mantel aus. – Ich habe wegen deines Mantels aufs Maul bekommen. Unter dem Futter ist mir Glas rausgefallen. Willst du dich selbst abstechen, oder was?

– Ach, nur für den Fall – antwortete ich und legte mir den Mantel unter den Rücken. Er hatte ihn sich für das Verhör von mir geliehen, weil er Angst hatte, dass man ihm auf dem »Polizeirevier«** seine fast neue Lederjacke wegnehmen würde. Mławski setzte sich neben mich.

---

*   Im poln. Gefängnisjargon Funktionshäftling (ein Häftling, der zum Beispiel bei der Mahlzeitausgabe hilft; im KZ Gefangene, die verschiedene Aufgaben übernahmen).

**   Im Original auf Deutsch: Polizei.

– Weißt du – sagte er im Flüsterton – er schlug meinem Vater vor, dass er Spitzel werden sollte. Was denkst du?

– Was denkt der Vater? – fragte ich.

– Mein Vater stimmte zu. Was hätte er tun sollen, sag es?

Ich zuckte mit den Schultern. Mławski wandte sich an den Jungen mit der Bibel.

– Ein Neuer, was? Ich glaube, ich hab dich auf dem »Polizeirevier«* gesehen, nicht wahr? Hast du nicht mit mir zusammen in der Straßenbahn gesessen?

– Nein – antwortete der Junge mit der Bibel. – Ich habe in keiner Straßenbahn gesessen.

– Er sagt, ein dunkelblauer Bulle habe ihn auf der Straße erwischt und mit einer Kutsche zum Gefängnis gebracht – sagte Kozera von der Tür aus zu Mławski.

– Ich könnte wetten, dass ich dich auf dem »Polizeirevier«** gesehen hab – sagte Mławski zu dem Jungen – aber wenn du sagst, dass ein Polizist dich erwischt hat … Seltsam, aber es könnte sein.

Wir schwiegen. Zwischen dem Himmel und den schwarzen Gittern lag ein Frühlingsabend, der von den Laternen des Gefängnisses von unten beleuchtet wurde. Szrajer saß mit dem Gesicht in den Händen, zwischen denen seine vor Hunger immer mehr abstehenden Ohren hervorstachen. Kozera ging von der Tür zu den Strohmatratzen und dann wieder zurück. Der Junge las in der Bibel.

– Wirst du mit mir Siebzehn und Vier spielen? – fragte mich Matula. – Der Mensch sitzt nur da wie ein Baumstumpf. Vielleicht kann ich mich revanchieren?

---

*   Im Original auf Deutsch: Polizei.
**   Im Original auf Deutsch: Polizei.

– Lasst mich doch in Ruhe mit eurem Kartenspiel – sagte Szrajer, ohne sein Gesicht zu heben. – Ihr würdet sogar eure eigenen Mütter verspielen. Während man hier …

Er verstummte. Er bewegte seinen künstlichen Kiefer.

– Na prima, der hat auch was zu sagen. Unser Intellektueller von der Zeitung – sagte Matula. – Spielst du mit?

– Ihr solltet lieber zum Appell antreten. Der Kalifaktor brüllt schon – sagte Kowalski, der Schriftsetzer von der Bednarska-Straße.

Wir standen von unseren Strohmatratzen und stellten uns auf – mit dem Gesicht zur Tür.

– Heute hat ein Ukrainer Dienst. Aber vielleicht wird es ruhig sein – murmelte ich zu Mławski. Er nickte.

Die Tür unserer Zelle wurde geöffnet. In der Tür stand ein dicker, kleiner SS-Mann mit einem kantigen roten Gesicht und schütterem, hellem Haar. Seine Lippen waren fest zusammengepresst. An seinen krummen Beinen hatte er glänzende lange Stiefel. An seinem Gürtel trug er eine Walther. In seiner Hand hielt er eine Peitsche. Hinter ihm stand ein großer ukrainischer Mann mit Schlüsseln. Sein schwarzes Schiffchen hatte er draufgängerisch über sein Ohr geschoben. Neben ihm standen der Kalifaktor und der »Schreiber«*, ein kleiner vertrockneter Jude, ein Anwalt aus dem Ghetto. Der »Schreiber« hielt irgendwelche Papiere in seiner Hand.

Szrajer von der Mokotowska-Straße murmelte ein paar auswendig gelernte deutsche Worte vor sich hin. Zelle Nr. so und so, die von so und so vielen Gefangenen belegt ist. Alle sind anwesend.

Der rote Wachmann zählte alle genau mit seinem Finger.

---

* Im Original auf Deutsch, aber mit poln. Phonetik: »szrajber«. Funktionshäftling.

– »Ja«* – sagte er. – »Stimmt«**. »Schreiber«, wer ist hier dran?

Der »Schreiber« hielt ihm die Papiere vor die Augen.

– Benedykt Matula – las er ab und beäugte uns.

– Oh mein Gott, Jungs, sie werden uns erledigen, eine Kugel und fertig! – flüsterte Matula laut, der als Gestapomann verkleidet die Beschlagnahmungen durchgeführt hatte.

– »Los«***, komm raus, »raus«****! – rief der Wachmann, packte ihn mit einer Hand am »Hals«***** und schmiss ihn durch die Tür in den Korridor. Die Tür war sperrangelweit auf.

Tiefer im Korridor standen Wachmänner in voller Ausrüstung. Ihre Stahlhelme glänzten finster im schwachen Licht der Glühbirne. In ihren Gürteln hatten sie Handgranaten stecken.

Der Wachmann wandte sich an den »Schreiber«.

– Alles? Gehen wir?

– Nein, nicht alles – sagte der »Schreiber«, Jude und Anwalt aus dem Ghetto. – Noch einer. Namokel. Zbigniew Namokel.

– Ich bin da – sagte der Junge mit der Bibel.

Er ging zu seiner Strohmatratze und nahm seinen Mantel. Vor der Tür drehte er sich kurz zu uns um. Aber er sagte nichts. Er ging auf den Korridor hinaus. Die Zellentür schlug hinter ihm zu.

– Und schon ist der Appell vorbei! Ein Tag mehr! Zwei Leute weniger! Der nächste Tag soll kommen! – rief Kozera, der Schmuggler aus Małkinia.

---

*   Im Original auf Deutsch.
**   Im Original auf Deutsch.
***   Im Original auf Deutsch.
****   Im Original auf Deutsch.
*****   Im Original auf Deutsch.

– Viele sind uns aber nicht mehr geblieben – sagte Kowalski farblos. – Es war einmal ein Junge, und schon ist er verschwunden.

Er spreizte seine Beine über dem Scheißeimer.

– Pissen, Jungs, denn wir wollen die Strohmatratzen auf dem Boden ausbreiten. Damit uns später niemand auf den Kopf tritt. So, und nun los, beziehen, solange es noch Licht gibt.

Wir begannen, die Strohmatratzen zu verteilen.

– Schade, dass er seine Bibel nicht da gelassen hat – sagte ich zu Mławski. – Dann hätte es wenigstens was zu lesen gegeben.

– Die Bibel wird ihm nicht mehr helfen. Aber ich habe ihn heute auf dem »Polizeirevier«* gesehen, ich schwöre es – sagte Mławski. – Was hätte so ein kleiner Bursche denn tun können? Und warum hat er gelogen, ein Polizist habe ihn auf der Straße aufgegabelt?

– Er sah wie ein Jude aus, also muss er auch Jude gewesen sein – sagte Szrajer am Fenster. Er hatte sich bereits auf die Strohmatratze gelegt und stöhnte, während er seine Beine in seinen Mantel einhüllte. Er lispelte, da er seine künstlichen Zähne aus dem Mund genommen, in ein Stück Papier aus einem Paket gewickelt und in seine Hosentasche gesteckt hatte.

– Nur wozu brauchte er in diesem Fall die Bibel?

– Wahrscheinlich war er Jude. Sonst hätten sie ihn nicht zum Abknallen fortgeführt – sagte Kowalski und legte sich neben Kozera auf die Seite. – Obwohl sie auch Matula mitgenommen haben.

– Ein Krimineller, verdammt noch mal, ein Kassierer, der nachts mit einer Pistole durch das Viertel lief und Geld eintrieb – sagte Kozera. – Er hat es schon vor langer Zeit verdient.

---

*   Im Original auf Deutsch: Polizei.

Wir legten uns hin, Mławski und ich. Wir bedeckten unsere Beine mit seiner Lederjacke und den Rest unserer Körper mit meinem Mantel. Ich kuschelte meinen Kopf in den weichen Pelzkragen, von dem eine angenehme Wärme ausging.

Durch das eingeschlagene Fenster wehte eine feuchte Kühle herein. Der Himmel wurde völlig schwarz. Der Raum zwischen dem Himmel und dem ebenerdig gelegenen Fenster war mit goldenem Licht gefüllt. Es brannten alle Gefängnislampen. Durch ihren Glanz schimmerten schwächelnde funkelnde Sterne.

– Schön ist es auf der Welt, Bruder, nur dass es uns auf ihr nicht gibt – sagte ich mit halblauter Stimme zu Mławski. Wir lagen direkt nebeneinander, damit es uns wärmer war.

– Ich frage mich aber – flüsterte er mir zu – ob sie auch meinen Vater mitgenommen haben?

Ich drehte mich zu ihm um und sah ihm ins Gesicht.

– Heute ist ans Licht gekommen, dass er Jude ist – sagte Mławski. – Dieser Referent hatte ihn erkannt. Sie hatten gemeinsam Geschäfte im Ghetto von Radom gemacht.

– Dann hätten sie dich ja auch gefasst – antwortete ich flüsternd.

– Mich im Moment nicht, denn ich bin ein Mischling. Meine Mutter war Polin.

– Aber wie soll denn der Vater ein Spitzel werden? Sie hätten ihn nicht mitnehmen dürfen.

– Gäb's Gott, dass er einer werden möge. Das wäre gut.

– Haltet doch euer Maul so spät in der Nacht – sagte Kozera und erhob sich von der Strohmatratze. – Wollt ihr vor dem Schlaf ein wenig Sport treiben?

Wir wurden still und begannen zu schlummern. Irgendwo in der Nähe ertönte ein dumpfer Schuss. Dann ein zweiter. Wir standen alle auf unseren Strohmatratzen auf.

– Offenbar haben sie die Leute nicht in den Wald gebracht. Sie erledigen sie irgendwo hier, in der Nähe des Gefängnisses – sagte ich mit leiser Stimme und begann zu zählen: – Vierzehn, fünfzehn, sechzehn …

– Sie knallen die Leute gegenüber dem Tor ab – sagte Mławski. Er drückte mir die Hand mit all seiner Kraft.

– Das muss ein Jude gewesen sein, der Junge mit der Bibel. Welcher Schuss war für ihn bestimmt? – sagte der Schriftsetzer Kowalski.

– Legt euch lieber schlafen – lispelte der Beamte von der Mokotowska-Straße, der Szrajer. – Oh Gott! Legt euch lieber schlafen.

– Man muss schlafen – sagte ich zu meinem Leidensgenossen. Wir legten uns wieder hin und deckten uns mit der Lederjacke und dem Mantel zu. Wir schmiegten uns noch fester aneinander. Vom Fenster kam eine durchdringende feuchte Kälte.

Willkommen
in Auschwitz

I

… also, ich besuche schon die Kurse für Krankenpfleger. Man hat ein Dutzend von uns aus ganz Birkenau ausgewählt und sie werden aus uns fast echte Ärzte machen. Wir müssen wissen, wie viele Knochen der Mensch hat, wie das Blut zirkuliert, was ein Bauchfell ist, wie man die Staphylokokken bekämpft und wie die Streptokokken, wie man eine Blinddarmoperation steril durchführt und was ein Pneumothorax ist.

Wir haben eine hochkarätige Mission zu erfüllen: Wir werden unsere Kollegen behandeln, die »das schreckliche Schicksal« mit Krankheit, Apathie oder Entmutigung und Lebensmüdigkeit peinigt. Wir haben – eben nur wir, ein Dutzend Leute unter zwanzigtausend Männern in Birkenau – die Aufgabe, die Sterblichkeitsrate im Lager zu senken und den Mut der Häftlinge zu heben. Das sagte der »Lagerarzt«* kurz vor der Abfahrt, er fragte noch jeden von uns nach seinem Alter und Beruf, und als ich ihm antwortete:

– Student – hob er verwundert die Augenbrauen:

– Was haben Sie denn studiert?

– Literaturgeschichte – antwortete ich bescheiden.

---

*   Im Original auf Deutsch.

Er nickte frustriert, stieg in sein Auto und fuhr davon. Später gingen wir auf einer sehr schönen Straße nach Oświęcim*, wir sahen einen Haufen Landschaft, dann teilte uns jemand irgendwohin zu, irgendeinem Krankenhausblock, aber als Gäste der »fleger«**, der Krankenpfleger, doch das interessierte mich nicht allzu sehr, denn ich ging mit Staszek (Du weißt schon, der mir die braune Hose gegeben hat) ins Lager, ich, um jemanden zu suchen, der Dir diesen Brief überbringen würde, und Staszek in die Küche und in den Lagerraum, um Weißbrot, ein Stück Margarine und mindestens eine ganze Wurst für das Abendessen zu »organisieren«, denn wir sind zu fünft.

Natürlich fand ich niemanden, denn ich bin »milionowiec«***, eine Millionennummer, hier aber gibt es nur alte Nummern, und sie blicken auf mich von oben herab. Doch Staszek versprach mir, mit Hilfe seiner Verbindungen meinen Brief zu verschicken, nur sollte er nicht zu lang sein, »denn das muss irgendwie langweilig sein, so jeden Tag einem Mädel zu schreiben«.

Wenn ich also gelernt habe, wie viele Knochen der Mensch hat und was ein Bauchfell ist, kann ich dann vielleicht sogar etwas gegen Dein Pyoderma und gegen das Fieber Deiner Bettnachbarin tun. Ich fürchte nur, dass ich, auch wenn man weiß, wie man ein Magengeschwür behandelt, nicht einmal so´ne einfache Salbe von Wilkinson gegen »kreca«**** stehlen kann, weil sie derzeit in ganz Birkenau nicht erhältlich ist. Bei uns zu Hause übergoss man die Kranken mit Minztee, während wir dabei einige mehr als wirksame Beschwörungsformeln sprachen, und leider lassen sie sich nicht wiederholen.

---

* Im Original auf Polnisch.
** fleger, poln. Phonetik und meint: Pfleger, s. Glossar.
*** milionowiec, poln., s. Glossar.
**** Poln. für Krätze, s. Glossar.

Und was die Einschränkung der Todesfälle angeht: In meinem Block war ein prominenter Mann krank, es ging ihm richtig schlecht, er fieberte und sprach immer öfter vom Tod. Einmal rief er mich zu sich. Ich setzte mich auf den Rand seines Bettes.

– Ich war doch im Lager richtig bekannt, nicht wahr? – fragte er und sah mir dabei besorgt in die Augen.

– Wer würde dich nicht kennen … und könnte sich nicht an dich erinnern, niemand – antwortete ich unschuldig.

– Schau – sagte er und deutete mit der Hand auf die vom Feuer geröteten Fenster.

Dort brannte es, dort hinter dem Wald.

– Weißt du, ich wünschte, sie hätten mich getrennt untergebracht. Nicht zusammen. Nicht auf einem Haufen. Verstehst du?

– Du brauchst keine Angst zu haben – sagte ich ihm herzlich. – Ich gebe dir sogar ein Bettlaken. Und ich rede auch mit diesen Totengräbern.

Er drückte mir schweigend die Hand. Aber es hatte nichts genützt. Er wurde wieder gesund und schickte mir ein Stück Margarine aus dem Lager. Ich reibe mir damit meine Schuhe ein, weil sie aus Fisch hergestellt wird. Und auf diese Weise trug ich dazu bei, die Sterblichkeitsrate im Lager etwas zu verringern. Aber vielleicht reicht es mit solchen Geschichten, denn das ist zu lagerlastig. Seit fast einem Monat keinen Brief mehr von zu Hause bekommen.

II

Wunderschöne Tage: kein Appell, keine Pflichten. Das ganze Lager steht Appell, und wir stehen im Fenster, halb gelehnt, Zuschauer aus einer anderen Welt. Die Leute lächeln uns an, wir lächeln die Leute an, sie sagen zu uns: »Freunde aus Birkenau«, ein bisschen mit Mitleid, dass unser Schicksal so armselig ist, und ein bisschen mit Scham, dass ihres so gut ist. Aus dem Fenster erscheint die Landschaft unschuldig, das »Kremo«* ist nicht zu sehen. Die Menschen sind in Auschwitz verliebt, sie sagen stolz: »Bei uns, in Auschwitz …«

Schließlich haben sie etwas, womit sie prahlen können. Stell Dir mal vor, was Oświęcim** ist. Man nehme das Warschauer Pawiak-Gefängnis***, diesen furchtbaren Schuppen, füge sein Frauengefängnis »Serbia«**** hinzu, multipliziere alles mit achtundzwanzig und stelle das Ganze so dicht aneinander, dass zwischen den Pawiaks nur noch wenig Platz ist, umgebe dann alles rundherum mit einem doppelten Draht und an drei Seiten mit einer Betonmauer, pflastere den Schlamm, züchte kümmerliche Bäume – und bringe zwischen all dem mehrere Tausend Menschen unter, die jeweils einige Jahre im Lager waren, fantastisch gelitten und die schlimmsten Zeiten überstanden hatten, und nun haben sie jetzt Hosen mit krass eingebügelten Bundfalten und laufen mit wiegenden Hüften herum – mach das alles und Du wirst verstehen, warum sie nur große Verachtung und großes Mitleid empfinden für uns, Leute aus Birkenau, wo es nur hölzerne Pferdebaracken gibt, keine Bürgersteige und statt Bädern mit heißem Wasser – vier Krematorien.

Von der »flegernia«***** aus, der Krankenstation, die sehr weiße, auf jeden Fall nicht städtische Wände, dafür aber einen betonierten Gefängnisboden und viele, viele dreistöckige Pritschen

---

*   Im Original auf Deutsch, Abkürzung für Krematorium.
**   Im Original auf Polnisch.
***   Pawiak in Warschau, während der deutschen Besatzung eines der wichtigsten und berüchtigtsten Gefängnisse der Nazis.
****   Serbia, poln. für Serbien.
***** flegernia, poln. für Pflegeraum.

hat, kann man sehr gut die Straße in Freiheit sehen, auf der manchmal ein Mensch vorbeigeht, manchmal ein Auto vorbeifährt, manchmal ein Leiterwagen und manchmal – ein Radfahrer, wahrscheinlich ein Arbeiter, der von der Arbeit zurückkehrt. Weiter weg, aber sehr weit weg (Du hast keine Ahnung, wie viel Raum in so ein kleines Fenster passt, ich würde gerne nach dem Krieg – vorausgesetzt, ich überlebe – in einem hohen Haus wohnen, aber mit Fenstern auf ein Feld hinaus) gibt es irgendwelche Häuser und dann noch einen vor Kälte blau scheinenden Wald. Der Erdboden ist schwarz und muss feucht sein. Wie in einem Sonett von Staff*, du erinnerst dich doch an den »Frühlingsspaziergang«!

Aber es gibt auch ein paar zivilisiertere Dinge auf unserer Krankenstation: einen Kachelheizofen mit bunten Majoliken, wie wir sie früher auf Lager hatten. Dieser Ofen hat pfiffig angeordnete Bratroste: auf den ersten Blick ist da nichts, dabei kannst du sofort ein Schwein braten. Auf den Pritschen liegen »kanadische« Decken, so flauschige wie ein Katzenfell. Es gibt auch weiße und faltenfreie Bettlaken. Es gibt einen Tisch, der manchmal mit einem Tischtuch bedeckt ist, aber nur an Feiertagen und dann zum Essen.

Das Fenster blickt auf den »Birkenweg«**. Schade, dass wir Winter haben und die blattlosen »trauernden« Birken wie ausgefranste Besen herabhängen und statt Rasen klebriger Schlamm unter ihnen liegt, wahrscheinlich derselbe wie in »jener« Welt hinterm Weg, nur dass man ihn mit den Füßen feststampfen muss.

---

*   Leopold Staff, poln Dichter, Dramatiker und Übersetzer (1878 – 1957), Klassiker der poln. Moderne.
**   Im Original auf Deutsch.

Abends nach dem Appell schlendern wir würdevoll und voller Ernst den Birkenweg entlang und grüßen unsere Freunde mit einer Kopfverneigung. An einer der Kreuzungen steht ein Wegweiser mit einem Flachrelief, und das Flachrelief zeigt zwei solche Personen, die auf einer Bank sitzen und sich gegenseitig etwas ins Ohr flüstern, während ein Dritter sich zu ihnen niederbeugt, sein Ohr hinhält und lauscht. Zur Warnung: Jedes deiner Gespräche wird mitgehört, kommentiert und angezeigt, wo man es anzeigen muss. Hier weiß einer alles über den anderen: wann er ein »Muslim«* war, was er und von wem »organisiert«, wen er erwürgt und wen er verpfiffen hat, und jeder lächelt spöttisch, wenn du den anderen lobst.

Stell Dir also Pawiak vor, allerdings mehrmals vervielfacht, vom doppelten Stacheldraht umgeben. Aber nicht so wie in Birkenau, wo die Wachtürme wirklich wie Störche auf hohen, langen Stangen stehen und die Lampen alle drei Säulen funktionieren und ein einfacher Draht verlegt ist, aber wie viele Abschnitte – Du würdest sie nicht an den fünf Fingern abzählen können!

Das ist hier also nicht der Fall: Die Lampen funktionieren alle zwei Säulen, und die Wachtürme sind solide untermauert, der Draht ist doppelt und es gibt noch eine Mauer.

Wir laufen also über den Birkenweg in unseren zivilen Kleidern, direkt aus der »zauna«**, der Zentralsauna – wir die einzigen fünf Leute, die keine gestreiften Häftlingsuniformen tragen.

Wir gehen also den Birkenweg hinunter, sauber rasierte Glatzen, frisch und sorglos. Die nicht allzu große Menschenmenge läuft gerne in kleinen Gruppen, bleibt vor Block Zehn, wo die

---

*   Auschwitz-Jargon, s. Glossar.
**   Im Original so, zauna in poln. Phonetik für Sauna, im Lagerjargon Zentralsauna im KZ Auschwitz, s. Glossar.

Mädchen – Versuchskaninchen – hinter Gittern und völlig vernagelten Fenstern sitzen, lange stehen, doch am häufigsten versammelt sie sich vor dem Block der »Schreibstube«*, der Kanzlei, nicht weil sich dort der Orchestersaal, die Bibliothek und das Museum befinden, sondern einfach deshalb, weil es in einem oberen Stockwerk – einen »Puff«** gibt. Was »Puff« bedeutet, schreibe ich Dir ein anderes Mal, in der Zwischenzeit sei gespannt …

Du weißt ja, wie merkwürdig es ist, Dir zu schreiben, deren Gesicht ich schon so lange nicht mehr gesehen habe. Dein Bild löst sich in meinem Gedächtnis auf und lässt sich selbst mit großer Willensanstrengung nicht mehr wieder aufrufen. Ein Traum hat etwas Unheimliches an sich, dass ich so klar und plastisch von Dir träume. Weißt Du, ein Traum ist nicht wie ein Gemälde, sondern wie eine Erfahrung, in der es einen Raum gibt und man das Gewicht von Gegenständen und die Wärme des eigenen Körpers spürt …

Es fällt mir schwer, mir Dich auf einer Lagerpritsche vorzustellen, wegen Typhus mit geschorenem Haar … Ich erinnere mich aber an Dich in Pawiak: an eine junge, große, schlanke Braut mit einem leichten Lächeln und traurigen Augen. In der Szucha-Allee*** saßt Du mit gesenktem Kopf und ich konnte nur Dein schwarzes Haar sehen, das jetzt abrasiert ist.

Und das ist das Stärkste, was von dort, von dieser Welt, in mir geblieben ist: Dein Bild, auch wenn es mir so schwer fällt, mich an Dich zu erinnern. Und deshalb schreibe ich Dir so lange Briefe: weil es meine abendlichen Gespräche mit Dir sind,

---

wie damals in der Skaryszewska-Straße. Und deshalb sind diese Briefe heiter. Ich habe mir viel die Heiterkeit bewahrt, und ich weiß, dass auch Du sie nicht verloren hast. Trotz allem. Trotz Deines gesenkten Kopfes auf dem Gestapo-Revier, trotz Typhus, Lungenentzündung und – kurz geschorenen Haars.

Und all diese Leute … Siehst Du, sie sind durch die harte Schule des Lagers gegangen, jenes Lagers aus der Anfangszeit, über das überall Legenden kursieren. Sie wogen jeweils nur noch dreißig Kilo, wurden geschlagen, fürs Gas selektiert* – verstehst Du, warum sie heute lächerliche eng geschnittene Jacken und einen eigenartigen schwankenden Gang haben und bei jeder Gelegenheit Auschwitz preisen?

Und in Wahrheit ist es so … Wir spazieren auf dem Birkenweg, elegante Menschen, in Zivilkleidung. Aber was soll's – wir sind die Millionennummern! Einhundertdreitausend, einhundertneunzehntausend, tiefste Verzweiflung, dass wir es nicht geschafft haben, die früheren Nummern zu ergattern! Jemand in einem gestreiften Häftlingsanzug kam auf uns zu, siebenundzwanzigtausend, eine alte Nummer, dass es einem im Kopf schwindelig wird. Ein junger Bursche mit dem vagen Blick eines Onanisten und dem Gang eines Tiers, das eine Gefahr wittert.

– Freunde, wo kommt ihr her?

– Aus Birkenau, mein Freund.

– Birkenau? – Er beäugte uns kritisch. – Und ihr seht so gut aus? Das ist doch schrecklich … Wie könnt ihr es dort aushalten?

Witek, mein großer Freund und ein ausgezeichneter Musiker, zog seine Ärmel hoch und antwortete:

---

*   Der Begriff Selektion wird nach dem Ende des Krieges verwendet, Borowski schreibt im Poln. »wybiórka«: Aussortierung, Auslese, Auswahl, s. Glossar.

– Ein Klavier gibt's bei uns nicht, leider, aber wir kommen schon zurecht.

Die alte Nummer sah uns wie durch einen Nebel an:

– Wir aber haben Angst vor Birkenau …

III

Die Kurse werden immer wieder verschoben, weil wir auf Krankenpfleger aus den umliegenden Lagern warten: aus Janina, aus Jaworzno, aus Buna*. Es sollen auch Krankenpfleger aus Gliwice und aus Mysłowice kommen, also aus weiteren Lagern, die aber noch zu Auschwitz gehören. In der Zwischenzeit haben wir einige hochtrabende Reden des schwarzen Kursleiters, des kleinen hageren Adolf, gehört, der vor Kurzem aus Dachau gekommen und bis über beide Ohren in die »Kameradschaft« verliebt ist. Er wird den Gesundheitszustand im Lager durch die Ausbildung der Krankenpfleger verbessern und die Sterblichkeitsrate durch das Erklären, wie das Nervensystem funktioniert, senken. Adolf ist unglaublich sympathisch und nicht von dieser Welt, aber als Deutscher kennt er die Verhältnismäßigkeit zwischen Dingen und Phänomenen nicht und mäkelt an der Bedeutung von Worten herum, als würden sie die Realität bestimmen. Er sagt »Kameraden« und denkt, dass wir tatsächlich Kameraden sind, er sagt »Leiden verringern« und denkt, dass dies möglich ist. Am Tor des Lagers hat man aus eisernen Lettern zusammengeflochten: »Arbeit macht frei«. Sie scheinen das wirklich zu glauben, diese SS-Männer und diese Häftlinge, die Deutsche sind. Die, die im Geiste von Luther, Fichte, Hegel, Nietzsche er-

---

* Lager Buna, Buna-Werke (Chemieunternehmen), KZ Auschwitz-Monowitz.

zogen wurden. Kurse gibt es also vorerst nicht, und ich schlen-
dere im Lager herum und mache landeskundliche Ausflüge und
psychologische Studien. Wir schlendern eigentlich zu dritt herum: Staszek, Witek und ich. Staszek treibt sich meistens in der
Nähe der Küche und des Vorratsraums herum und sucht nach
denjenigen, denen er in der Vergangenheit etwas besorgt hat
und die ihm jetzt etwas besorgen sollten. Denn am Abend beginnt ja schon die Prozession. Ein paar Typen, die aus den Au-
genwinkeln böse gucken, kommen zusammen, lächeln freundlich mit ihren rasierten Kiefern und holen was unter ihren eng
geschnittenen Sakkos hervor: der eine ein Stück Margarine, der
andere weißes Krankenhausbrot, ein anderer wiederum Wurst,
und noch ein anderer Zigaretten. Sie schmeißen alles auf das
untere Bett und verschwinden wie in einem Film. Wir aber teilen die Beute, ergänzen sie aus unseren Paketen und kochen im
Heizofen, der mit bunten Majoliken gekachelt ist.

Witek ist hinter dem Klavier her. Ein schwarzer Kasten steht
im Musiksaal in dem Block, wo es auch den »Puff« gibt, aber
während der »Arbeitszeit« darf nicht gespielt werden, und nach
dem Appell spielen die Musiker – allerdings nur für sich selbst –,
die außerdem jeden Sonntag Sinfoniekonzerte geben. Ich muss
unbedingt hingehen, um zuzuhören.

Gegenüber dem Musiksaal fanden wir eine Tür mit der Aufschrift »Bibliothek«, aber Eingeweihte behaupten, dass es nur
ein paar Krimis für die »Reichsdeutschen«* gibt. Ich habe es
nicht geprüft, weil die Tür die ganze Zeit verschlossen bleibt,
wie auf ewig.

Neben der Bibliothek in diesem Kulturblock befindet sich
auch die politische Abteilung und gleich daneben – der Muse-

---

*   Im Original auf Deutsch.

umssaal. Es gibt dort aus Briefen beschlagnahmte Fotos und angeblich nichts anderes mehr. Schade, dort hätte man doch jene nicht richtig durchgebratene menschliche Leber unterbringen können, wobei mein Freund, ein Grieche, für das Anbeißen derer fünfundzwanzig Schläge auf den A… bekommen hat.

Aber das wichtigste Ding wird auf der oberen Etage beherbergt. Es ist der »Puff«. Der »Puff« – das sind Fenster, auch im Winter halb geöffnet. Nach dem Appell lehnen sich aus den Fenstern Frauenköpfe verschiedener Schattierungen, und unter blauen, rosa- und seladonfarbenen (ich mag diese letztere Farbe sehr) Bademäntelchen tauchen plötzlich schneeweiße Arme wie Meeresschaum auf. Es gibt, so scheint es, fünfzehn Köpfchen und dreißig Schultern, wenn wir die alte Madame mit ihren riesigen, epischen, legendären Brüsten nicht mitzählen, die über die Köpfchen, Hälschen, Schultern etc. … wacht. Madame lehnt sich nie aus dem Fenster, aber stattdessen herrscht sie als Zerberus oben vor dem »Puff«-Eingang.

Rund um den »Puff« schart sich die Lagerprominenz. Wenn es also zehn Julias gibt, so gibt es tausend Romeos (und nicht nur irgendwelche Romeos). Daher auch das Gedränge und die Konkurrenz bei jeder Julia. Die Romeos stehen in den Fenstern in den gegenüberliegenden Blocks, schreien, geben mit den Händen Zeichen, verführen. Der »Lagerälteste«* ist da und auch der »Lagerkapo«**, die Krankenhausärzte und Kommandokapos sind da. So manche der Julias hat einen festen Verehrer, und neben Beteuerungen ewiger Liebe und von einem glücklichen gemeinsamen Leben in der Zeit nach dem Lager, neben Vorwürfen und Schäkereien hört man etwas konkretere Angaben zu Seife, Parfüm, Seidenhöschen und Zigaretten.

---

*   Im Original auf Deutsch.
**   Im Original auf Deutsch.

Unter den Menschen herrscht eine große Kameradschaft: Sie stehen nicht im illoyalen Wettbewerb. Die Frauen aus den Fenstern sind sehr zärtlich und verführerisch, aber unerreichbar wie Goldfische in einem Aquarium.

So sieht der »Puff« von außen aus. Der einzige Weg ins Innere führt über die Schreibstube, wenn man hinter einem Schein her ist, der als eine Belohnung für gute und fleißige Arbeit gilt. Zugegeben, wir als Gäste aus Birkenau haben hier zwar Vorrang, aber wir haben darauf verzichtet, wir haben Rote Winkel, sollen doch die Kriminellen nutzen, was für sie bestimmt ist. Deshalb kannst du es bereuen, denn diese Beschreibung wird leider nur indirekt sein, obwohl sie sich auf so gute Zeugen und so alte Nummern stützt wie auf den (zugegebenermaßen bereits ehrenamtlichen) Krankenpfleger M. aus unserem Block, dessen Nummer fast dreimal kleiner ist als die letzten beiden Ziffern von meiner. Verstehst du – ein Gründungsmitglied! Deshalb watschelt er herum wie eine Ente und trägt breitbeinige Hosen mit Zwickeln, die vorne mit Sicherheitsnadeln zusammengeheftet sind. Am Abend kehrt er erregt und gut gelaunt zurück. Und siehe da, er geht in die »Schreibstube«, und wenn sie die Nummern der »Zugelassenen« verlesen, lauert er auf den Abwesenden; er ruft dann »hier«*, schnappt sich den Passierschein und rennt zu Madame. Er drückt ihr ein paar Schachteln Zigaretten in die Hand, sie führt eine Reihe von hygienischen Prozeduren an ihm durch, und so gespritzt mit Medikamenten rennt der Krankenpfleger mit großen Schritten die Treppe hinauf. Den Flur entlang schlendern in schlampig um den Körper gewickelten Bademänteln die Julias aus dem Fenster. Manchmal kommt jemand an dem Krankenpfleger vorbei und fragt beiläufig:

---

* Im Original auf Deutsch.

– Welche Nummer haben Sie?

– Acht – wird der Krankenpfleger antworten und zur Sicherheit auf das Zettelchen schauen.

– Ach so, nicht zu mir, sondern zu Inna, dem Blondchen – wird sie enttäuscht murmeln und mit schleppenden Schritten zum Fenster gehen.

Dann darf der Krankenpfleger in die Acht hereinkommen. Er liest noch an der Tür, dass es verboten sei, diese oder jene unsittliche Tat zu begehen, weil sonst der Bunker drohe, dass nur dies und jenes erlaubt sei (eine detaillierte Liste) und nur für so und so viele Minuten. Er seufzt in Richtung des Gucklochs, durch das manchmal seine Kolleginnen hereinschauen, manchmal Madame, manchmal der »Kommandoführer«* des »Puffs« und manchmal sogar der Lagerkommandant selbst, er legt eine Schachtel Zigaretten auf den Tisch und … Aha, er bemerkt auch, dass auf dem Schrank zwei Schachteln englischer Zigaretten liegen. Erst dann kommt das Eigentliche und …, woraufhin der Krankenpfleger geht, wobei er durch seine Zerstreutheit die beiden englischen Zigarettenschachteln einsteckt. Er unterzieht sich erneut der Desinfektion und erzählt uns später fröhlich und freudig über all das.

Aber manchmal versagt die Desinfektion, weshalb eines Tages im »Puff« eine Seuche ausbrach. Der »Puff« wurde geschlossen, anhand von Nummern überprüfte man, wer da gewesen war, und dann wurden sie offiziell vorgeladen und man führte die Heilkur durch. Da allerdings der Handel mit Passierscheinen überall breit betrieben wird, wurden nicht diejenigen geheilt, um die es eigentlich ging. Ha, so ist das Leben. Die »Puff«-Frauen unternahmen auch Ausflüge ins Lager. Nachts kletterten

---

* Im Original auf Deutsch.

sie in Männerkleidung die Leiter hinunter und gingen zu Sauf-gelagen und Orgien. Aber das gefiel dem Wachposten von der benachbarten Wachbude nicht, und alles hörte auf.

Auch anderswo gibt es Frauen: im Block Zehn, dem für Ver-suche. Dort wird künstlich befruchtet (wie man sagt), gegen Typhus und Malaria geimpft und chirurgische Eingriffe werden vorgenommen. Ich erhaschte mal einen flüchtigen Blick auf den Mann, der diese Arbeit ausführt: in jagdgrüner Kleidung, mit einem Tirolerhut, der mit Sportabzeichen vollgestopft ist, und dem Gesicht eines gutmütigen Satyrs. Angeblich ein Universi-tätsprofessor.

Diese Frauen werden von Gittern und Brettern beschützt, doch oft geschieht es, dass auch dort bei ihnen gerne eingebro-chen wird und sie ganz einfach, eben nicht künstlich, geschwän-gert werden. Der alte Professor muss wütend sein.

Versteh doch: Es sind keine perversen Menschen, die das tun. Das ganze Lager, wenn alle gegessen und geschlafen haben, spricht über Frauen, das ganze Lager träumt von Frauen, das ganze Lager macht sich an sie heran. Der »Lagerälteste« landete direkt im »Straftransport« dafür, dass er immer wieder durch das Fenster in den »Puff« hineinkroch. Ein neunzehnjähriger SS-Mann erwischte in der Ambulanz den Kapellmeister, einen dicken, ernsthaften Herrn, wie auch ein paar Ärzte in eindeu-tiger Haltung mit Partnerinnen, die gekommen waren, um sich Zähne ziehen zu lassen, und er dosierte mit einem Stock in der Hand die entsprechenden Schläge auf die entsprechende Stelle. Ein solches Geschehnis blamiert sie alle nicht: Sie hatten einfach Pech.

Im Lager gibt es eine wachsende Psychose, was die Frauen angeht. Daher werden die »Puff«-Frauen wie normale Frauen behandelt, denen man von Liebe und häuslichem Leben erzählt.

Von solchen Frauen gibt es zehn, und das Lager zählt ja mehrere tausend Leute.

Deshalb sind sie so scharf darauf, ins FKL* zu kommen, nach Birkenau. Diese Menschen sind krank. Und denk mal drüber nach: Es geht nicht nur um ein Auschwitz**. Es gibt Hunderte von »großen Konzentrationslagern«, das sind Oflags*** und Stalags****, das sind ….

Weißt Du, woran ich denke, während ich Dir das alles hier schreibe?

Es ist schon spät am Abend; durch einen Kleiderschrank von einem riesigen Saal voller schwer atmender Patienten getrennt, sitze ich in einem kleinen Zimmer vor einem schwarzen Fenster, in dem mein Gesicht, der seladongrüne Lampenschirm und das weiße Blatt Papier, das auf einem Tisch liegt, gespiegelt werden. Franz, ein junger Bursche aus Wien, hat sich gleich am ersten Abend mit mir geeinigt und – jetzt sitze ich an seinem Tisch, habe seine Lampe eingeschaltet und schreibe Dir auf seinem Papier. Aber ich schreibe Dir nicht darüber, worüber wir heute gesprochen haben: über die deutsche Literatur, über Wein, über die Philosophie der Romantik, über die Probleme des Materialismus.

Weißt Du, woran ich denke, wenn ich Dir hier von all dem schreibe?

Ich denke an die Skaryszewska-Straße. Ich schaue in das dunkle Fenster, sehe mein Gesicht, das sich in der Fensterscheibe spiegelt, und hinter dem Glas die Nacht und dann das plötzliche Aufleuchten der Scheinwerfer von den Wachkabinen, die in der

---

*   FKL, Frauenkonzentrationslager, im Original auf Deutsch.
**   Im Original schreibt Borowski: Oświęcim.
***   Im Original auf Deutsch, Offizierslager.
**** Im Original auf Deutsch, Stammlager für Mannschaftsdienstgrade und Unteroffiziere.

Dunkelheit Bruchstücke von Gegenständen ausschneiden. Ich schaue mir all das an und denke an die Skaryszewska-Straße. Ich erinnere mich an den blassen und hier und da noch funkelnden Himmel, an das ausgebrannte Haus von gegenüber und an das Gitter des Fensterrahmens, das das ganze Bild in Stücke schnitt wie in einem Bleiglasfenster.

Ich denke daran, wie sehr ich mich damals nach Deinem Körper gesehnt habe, und manchmal muss ich schmunzeln, wenn mir einfällt, wie gewaltig der »Krach«* gewesen sein muss, als nach unserer Verhaftung bei uns in der Wohnung neben meinen Büchern und Gedichten Dein Parfüm und Dein Morgenmantel gefunden wurden – er war rot wie der Brokat auf den Gemälden von Velázquez, ein schwerer, langer Morgenmantel (ich mochte ihn furchtbar, Du sahst in dieser Aufmachung wunderbar aus, obwohl ich Dir das nie gesagt habe).

Ich denke daran, wie sehr Du reif warst, wie viel guten Willen und – verzeih mir, dass ich Dir das jetzt so schreibe –, wie viel Hingabe Du in unsere Beziehung gesteckt hast, wie Du aus freien Stücken und Schritt für Schritt in mein Leben tratst, das sich in dem kleinen Zimmer ohne Wasser, an Abenden mit kaltem Tee, mit ein paar halb verwelkten Blumen und dem Hund, der ständig geknappt hat, und im Licht der Petroleumlampe im Haus meiner Eltern abspielte.

Ich denke daran und lächle höhnisch, wenn sie mir von Moral, von Recht, Tradition und Pflicht erzählen … Oder wenn sie jedweder Sanftheit und Sentimentalität abschwören und mit erhobener Faust vom Zeitalter der Härte sprechen. Ich lächle und denke, dass der Mensch immer wieder aufs Neue den Menschen

---

* Im Original auf Deutsch.

entdeckt – durch die Liebe. Und dass dies die wichtigste und beständigste Sache im menschlichen Leben ist.

Ich denke darüber nach und erinnere mich an meine Gefängniszelle in Pawiak. In der ersten Woche konnte ich einen Tag ohne ein Buch nicht begreifen, ohne einen abendlichen Lichtkegel, ohne ein Blatt Papier, ohne Dich …

Und nun überleg mal, was Gewohnheit bedeutet: Ich bin in meiner Zelle herumgelaufen und habe im Rhythmus meiner Schritte Gedichte verfasst. Eines davon habe ich einem Leidensgenossen aus meiner Gefängniszelle in eine Bibel eingeschrieben, aber von all den anderen – es waren horazische Lieder – erinnere ich mich nur an solche Strophen, wie an diese eine aus dem Gedicht an Freunde in der Freiheit:

Freunde, die ihr in Freiheit lebt! Mit einem Gefängnislied
verabschiede ich euch deshalb, damit ihr wisst, dass ich nicht
in Verzweiflung heimgehe. Denn ich weiß, dass von mir sowohl
die Liebe als auch meine Poesie bleiben werden – und, solange
euer Leben dauert, eine Erinnerung bei euren Freunden.

IV

Heute – Sonntag. Vormittags war man spazieren, man hatte sich den Frauenblock, in dem die Versuche gemacht werden, von außen angesehen (sie stecken ihre Köpfe zwischen die Gitterstäbe wie die Kaninchen meines Vaters, du erinnerst dich, die grauen, die mit dem einen Schlappohr), dann schaute man sich den SK-Block* genau an (dort im Hof ist jene schwarze Wand, vor der

---

*   Im Original auf Deutsch, SK, Strafkompanie.

sie früher Erschießungen durchführten, jetzt tun sie es leiser und diskreter – im Krematorium).

Wir sahen ein paar Zivilisten: zwei verängstigte Frauen in Pelzmänteln und einen Mann mit einem zerknautschten, unausgeschlafenen Gesicht. Sie wurden von einem SS-Mann, erschrecke nur nicht, in die städtische Untersuchungshaft geführt, die sich eben im SK-Block befindet. Die Frauen blickten voller Entsetzen auf die gestreiften Männer und auf die riesigen Anlagen des Lagers: mehrstöckige Häuser, doppelte Drähte, eine Mauer hinter den Drähten, massive Wachbuden. Und wenn sie noch wüssten, dass die Mauer – wie die Leute sagen – zwei Meter in die Tiefe eingelassen ist, damit man sich unter ihr nicht hindurchgraben kann! Wir haben sie angelächelt, weil es doch letztendlich ein Kinderspiel ist: Sie bleiben ein paar Wochen im Gefängnis sitzen und kommen dann raus. Es sei denn, sie werden ihnen in der Tat beweisen, dass sie Schwarzhandel betrieben haben. Dann wird man sie ins Krematorium bringen. Diese Zivilisten sind lächerlich. Sie reagieren auf das Lager wie Wildschweine auf den Anblick einer Schusswaffe. Sie verstehen die Mechanismen unseres Lebens nicht und wittern in all dem das Unglaubliche, das Mystische, etwas, was die menschlichen Kräfte übersteigt. Erinnerst Du Dich, wie Du Dich erstmal bestürzt hinsetztest, als es zu Deiner Verhaftung kam? Du hast mir davon geschrieben. Ich habe den »Steppenwolf« bei Maria gelesen (sie hat mir auch stets die Lektüre zusammengestellt), aber ich weiß nicht wirklich, was genau passiert ist.

Heute, da ich mich mit dem Unglaublichen und Mystischen bestens angefreundet habe, da das Krematorium mein Alltag geworden ist, genauso wie tausende von Phlegmonen* und wie die

---

*   Im Poln. flegmona für Phlegmone, bezüglich des Auschwitz-Jargons s. Glossar.

Tuberkulose, da ich also gelernt habe, was Regen und Wind und Sonnenschein und Brot und Rübensuppe sind und was Arbeit bedeutet, dass man nämlich nicht auffallen darf, und da ich nun weiß, was Sklaverei und Macht sind, hat mich doch, wenn man so will, die Bestie jederzeit an der Hand – schaue ich sie mir mit ein wenig Nachsicht an, wie ein Gelehrter einen Laien anschaut, ein Eingeweihter einen Unwissenden.

Binde aus den alltäglichen Geschehnissen all ihre Alltäglichkeit los, lege das Entsetzen und den Abscheu und die Verachtung ab und finde für all das eine philosophische Formel. Für das Gas und für das Gold, für Appelle und für den »Puff«, für einen Zivilisten und für eine alte Nummer.

Wenn ich Dir damals, als wir beide in dem kleinen Zimmer mit dem orangefarbenen Licht tanzten, gesagt hätte: Hör mir zu, da ist eine Million Menschen oder es sind sogar zwei oder drei Millionen, und nun töte sie alle, aber so, dass niemand davon erfährt, nicht einmal sie selbst; nehme ein paar Hunderttausend gefangen, breche ihre Solidarität, hetze einen Menschen gegen einen anderen auf … – Du würdest mich für verrückt halten, und wer weiß, ob wir den Tanz nicht sofort abgebrochen hätten. Aber vermutlich würde ich all das nicht sagen, selbst wenn ich das Lager kennen würde, denn ich würde uns die gute Stimmung nicht verderben wollen.

Und siehe da: Am Anfang ist es eine einzige Dorfscheune, weiß gestrichen, und – sie lassen in ihr Menschen ersticken. Dann kommen vier größere Gebäude – mindestens zwanzigtausend. Keine Hexerei, keine Gifte, keine Hypnose. Ein paar Leute regeln den Verkehr, damit es nicht zu einem Gedränge kommt, und die Menschen strömen wie Wasser aus dem Wasserhahn, nachdem man ihn aufgedreht hat. All das geschieht zwischen den anämischen Bäumen eines verräucherten Hains. Gewöhnliche Lastwagen bringen Menschen und setzen sie ab, fahren wie am Fließband zurück und bringen sie wieder und setzen sie wieder ab. Keine Hexerei, keine Gifte, keine Hypnose.

Wie kommt es, dass niemand schreit, keinem ins Gesicht spuckt, sich nicht auf den Boden schmeißt? Wir nehmen unsere Mützen vor den aus dem Wald zurückkehrenden SS-Männern ab, und wenn sie uns von einer Liste aufrufen, gehen wir mit ihnen in den Tod und – was? Nichts? Wir hungern, wir werden im Regen nass, unsere Liebsten werden uns genommen. Du siehst: Das ist Mystik. Und dies ist eine merkwürdige Besessenheit des Menschen vom Menschen. Hier herrscht eine wilde Passivität, die von nichts gebrochen werden kann. Und die einzige Waffe – ist unsere Anzahl, die in die Gaskammern nicht passt.

Aber es geht auch so: ein Schaufelstock auf die Kehle und hundert Mann pro Tag. Oder Brennnesselsuppe und Brot mit Margarine, und dann ein junger großer SS-Mann mit einem zerknitterten Zettel in der Pfote, eine Nummer auf dem Arm tätowiert, dann ein Fahrzeug, eines von diesen – weißt Du eigentlich, wann die »Arier« das letzte Mal fürs Gas selektiert wurden? Am vierten April; und erinnerst Du Dich, wann wir ins Lager kamen? Am neunundzwanzigsten April. Und was wäre mit Deiner Lungenentzündung gewesen, wenn wir drei Monate früher gekommen wären?

… Ich weiß, dass Du mit Deinen Freundinnen, die sicherlich sehr überrascht von meinen Worten sind, auf eurer gemeinsamen Pritsche liegst. »Du hast gesagt, dass dieser Tadeusz fröhlich sei, doch sieh mal, was er nur für düstere Sachen schreibt.« Und sie sind bestimmt sehr entrüstet über mich. Aber wir können ja auch über all die Dinge, die um uns herum geschehen, sprechen. Wir beschwören nicht vergeblich und unverantwortlich das Böse, schließlich stecken wir in ihm bis zum Hals – siehst Du, es ist schon wieder tiefer Abend nach einem Tag voller wunderlicher Ereignisse.

Am Nachmittag besuchte ich einen Boxkampf in der großen Baracke des »Waschraums«*, dort also, von wo aus anfangs die Transporte zum Gas abfuhren. Wir wurden jedes Mal mit einer Begrüßungszeremonie eingelassen, obwohl der Saal aus allen Nähten platzte. In dem großen Warteraum wurde ein Boxring eingerichtet. Licht von oben, ein Schiedsrichter (notabene ein polnischer Olympia-Schiedsrichter), dann die Boxer von internationalem Ruhm, aber nur »Arier«, denn Juden dürfen nicht mitmachen. Und immer dieselben Leute, die Tag für Tag Dutzende von Zähnen ausschlagen, Leute, von denen viele selbst ein leeres Maul haben – sie schwärmen von Czortek, von Walter aus Hamburg und irgendeinem Jungen, der, im Lager ausgebildet, zur großen Klasse, wie man sagt, heranwuchs. Noch immer ist auch die Erinnerung an die Nummer 77 wach, die einst die Deutschen boxte, wie es ihm beliebte, und im Boxring Rache dafür nahm, was andere auf dem Schlachtfeld bekommen hatten. Der Saal war von Zigaretten verqualmt, und die Boxer prügelten sich, was das Zeug hielt. Aber sie taten es nicht allzu gekonnt, wenn auch mit großer Hartnäckigkeit.

– So ein Walter zum Beispiel – sagte Staszek – schaut nur! Auf dem Polizeirevier macht er, was er will; mit einem Schlag schickt er einen »Muslim« zu Boden! Und hier, schau nur, drei Runden und nichts! Zudem haben sie ihm die Fresse poliert. Offensichtlich gibt's zu viele Zuschauer, oder?

Nebenbei bemerkt – die Zuschauer waren im siebten Himmel, und wir in der ersten Reihe, weißt Du, Gäste eben.

Gleich nach dem Boxen ging ich zur Konkurrenz, ins Konzert. Ihr dort in eurem Birkenau, ihr habt keine Ahnung, welche Kulturwunder hier, wenige Kilometer von den Schornsteinen

---

* Im Original auf Deutsch.

entfernt, geschehen. Stell Dir vor, sie spielen die Ouvertüre zu
»Tancred« und etwas von Berlioz und irgendwelche finnischen
Tänze von einem Komponisten, der viele »a, a, a« in seinem
Nachnamen hatte. Warschau kann einem solchen Orchester
nicht das Wasser reichen! Aber, aber, ich erzähle es Dir der Reihe
nach, und Du sollst mir zuhören, denn es lohnt sich. Ich verließ
also freudestrahlend den Boxkampf und betrat sofort den Block,
in dem es auch den »Puff« gibt. Unter dem »Puff« befindet sich
der Musiksaal. Es war proppenvoll und viel zu laut, an den Wänden standen Zuhörer, die Musiker stimmten ihre Instrumente,
verteilt über den ganzen Saal. Gegenüber dem Fenster – ein er-
höhtes Podest, auf dem der Kapo der Küche (zusammen mit
dem Kapellmeister) stand, und die »Kartoffelmenschen« und
die »Rollwagen« (ich habe vergessen, Dir zu schreiben, dass
das Orchester während der Arbeit Kartoffeln schält und Karren
schiebt) begannen zu spielen. Fast hätte ich es nicht geschafft,
zwischen Klarinette II und Fagott hereinzuplatzen. Dort hockte
ich mich neben den unbesetzten Stuhl der Klarinette I und gab
mich dem Zuhören hin. Du hättest nie gedacht, wie kraftvoll
ein Sinfonieorchester, bestehend aus dreißig Personen, in einem
großen Zimmer klingt! Der Kapellmeister winkte bescheiden,
um nicht mit der Hand gegen die Wand zu schlagen, und er
drohte denjenigen, die falsch spielten, mit deutlicher Geste. Er
wird sie beim Kartoffelschälen fertigmachen. Diejenigen, die in
den Ecken am Ende des Saals standen (einer mit einer Trommel,
ein anderer mit einer Basolie*), versuchten die Fehler wettzuma-
chen und gaben ihr Bestes. Leider wurden alle von dem Fagott
übertönt, vielleicht deshalb, weil ich direkt daneben stand. Aber
die Basolie! Die fünfzehn Zuhörer (mehr passten nicht rein)

---

*   Ukr. oder poln. Volksinstrument, das einem Violoncello ähnelt.

vertieften sich mit Sachkenntnis in die Musik und belohnten das Orchester mit spärlichem Applaus.

Irgendjemand hat unser Lager »Betrugslager« genannt, das Lager der Täuschungen. Eine spärliche Hecke neben dem weiß gestrichenen Häuschen, ein Hof, ähnlich wie ein Hof in einem Dorf, und die Schilder mit der Aufschrift »Bad«, die ausreichen, um Millionen von Menschen zu beschwindeln, sie bis zu ihrem Tod zu betrügen. Ab und zu ein Boxkampf, irgendwelche Rasenflächen vor den Blocks, zwei Lagermark im Monat für die fleißigsten Häftlinge, Senf in der Kantine, eine wöchentliche Läusekontrolle und die Ouvertüre zu »Tancred« reichen aus, um die Welt – und uns zu täuschen. Die da draußen denken, dass das alles hier schrecklich ist, aber so schlimm ist es doch gar nicht, denn es gibt sowohl das Orchester wie auch das Boxen und die Rasenflächen und die Decken auf den Betten … Betrügerisch ist lediglich die tägliche Ration Brot, die man halt durch zusätzliche Rationen ergänzen muss, um leben zu können.

Betrügerisch ist die Arbeitszeit, während derer man nicht sprechen, sich nicht hinsetzen, sich nicht ausruhen darf. Betrügerisch ist jede nicht vollständig geladene Schaufel Erde, die wir auf den Wall des Grabens schleudern.

Schau Dir all dies aufmerksam an und verliere nicht die Kraft, wenn es Dir schlecht gehen sollte.

Denn vielleicht werden wir von diesem Lager und von dieser Zeit der Täuschungen den Lebenden einen Bericht erstatten und die Toten verteidigen müssen.

Wir sind einst in Kommandos zum Lager marschiert. Ein Orchester spielte zum Takt der schreitenden Reihen. Die DAW* und Dutzende anderer Kommandos kamen an und warteten vor

---

*   Im Original auf Deutsch, Deutsche Ausrüstungswerke.

dem Tor: zehntausend Mann. Und dann fuhren Fahrzeuge voller nackter Frauen vom FKL herbei. Die Frauen streckten ihre Arme aus und schrien:

– Rettet uns! Wir gehen ins Gas! Rettet uns!

Und zehntausend Mann fuhren in tiefem Schweigen an uns vorbei. Kein einziger Mann bewegte sich, keine einzige Hand hob sich.

Denn die Lebenden haben gegenüber den Toten immer recht.

V

Zuerst gingen wir zum Kursus. Generell gesagt: Wir sind schon lange in dem Kursus, nur habe ich Dir nichts darüber geschrieben, weil ich hier auf einem Dachboden bin, wo es sehr kalt ist. Wir sitzen auf »organisierten« Hockern und haben Riesenspaß, besonders mit den großen Modellen des menschlichen Körpers. Neugierige schauen zu, was hier so abgeht, aber Witek und ich bewerfen uns gegenseitig mit dem Tafelschwamm und fechten mit den Linealen, was den schwarzen Adolf zur Verzweiflung treibt. Er fuchtelt über unseren Köpfen mit den Armen und spricht über die »Kameradschaft« und das Lager. Wir setzen uns still in eine Ecke, Witek holt ein Foto seiner Frau heraus und fragt mit gedämpfter Stimme:

– Ich frage mich, wie viele er in diesem Dachau umgebracht hat? Sonst würde er nicht für sich so ne Werbung machen … Hättest du ihn erwürgt? …

– Ähm … Was für eine hübsche Frau. Wie bist du denn an sie herangekommen?

– Wir waren einmal auf einem Spaziergang in Pruszków. Na, du weißt schon, im Grün, in den Nebenstraßen, und am Horizont der Wald. Und wir gehen, eng aneinander gekuschelt, und plötzlich kommt ein SS-Hund von der Seite gestürzt …

– Hör auf zu labern, das ist doch Pruszków, nicht Auschwitz.

– Ein SS-Hund, wirklich, denn nebenan stand eine Villa, die von der SS besetzt wurde. Und dieses Vieh schmeißt sich auf dein Mädchen! Was hättest du denn getan? Ich feuerte mit meinem Revolver auf die Bestie, griff nach der Hand meiner Frau und sagte: »Irka, komm schon!« Sie steht wie bis zu den Knien eingegraben und schaut auf die Knarre. »Woher hast du die?« Und kaum dass ich sie aus ihrer Erstarrung losgerissen hatte, ertönten schon irgendwelche Stimmen in der Villa. Wie zwei Hasen huschten wir quer über die Felder. Und stundenlang musste ich Irka erklären, dass man dieses Stück Eisen in meinem Beruf dringend braucht.

In der Zwischenzeit spricht einer der Ärzte über die Speiseröhren und solche Dinge, die im Inneren des Menschen stecken, und Witek erstattet mir fröhlich weiter den Bericht:

– Ich geriet einmal mit einem Freund in einen heftigen Streit. Entweder er oder ich, habe ich gedacht. Er hat übrigens auch so gedacht, ich kannte ihn ja gut. Ich bin ihm etwa drei Tage lang nachgelaufen und habe nur geschaut, ob jemand mir im Nacken sitzt. Ich habe ihm am Abend in der Chmielna-Straße endlich aufgelauert und dann auch in die Fresse gehauen, aber ich traf nicht so, wie es hätte sein sollen. Als ich am nächsten Tag wieder reinkomme, ist seine Hand verbunden und er schaut finster drein. »Ich bin hingefallen«, sagt er.

– Und du? – frage ich, denn was er erzählt, ist sehr aktuell.

– Nichts, denn sie haben mich sofort eingebuchtet.

Ob der besagte Freund dazu beigetragen hat oder nicht, ist schwer zu beurteilen, aber Witek hat sich seinem Schicksal nicht ergeben. In Pawiak war er so jemand wie ein Funktionshäftling oder Bademeister – eine Art »Pipel«* von Kronszmidt, der zusammen mit einem Ukrainer während des Wachdienstes Juden folterte. Kennst Du eigentlich die Keller von Pawiak? Diese Eisenböden? Nackte Juden, deren Haut nach einem Bad brennend heiß war, krochen auf ihnen hin und her, hin und her. Hast Du jemals Soldatenstiefel von unten gesehen? Wie viele Nägel gibt es da? Nun, Kronszmidt kletterte mit solchen Stiefeln auf den nackten Körper, um auf dem kriechenden Mann zu reiten. Mit den »Ariern« ging man in diesem Fall etwas sanfter um; ich kroch zwar auch, aber in einer anderen Abteilung, und niemand stieg auf mich hinauf. Und zwar nicht aus Prinzip, sondern wegen einer falschen Meldung. Für uns gab es Gymnastik: eine Stunde an zwei Tagen. Eine Stunde: ein Lauf um den Hof und dann »hinlegen!« und das Heben in den Handstand, eine gute Übung noch wie in der Schule.

Mein Rekord: 76 Handstände hintereinander und Armschmerzen bis zum nächsten Mal. Die beste Übung, die ich kenne, ist die Teamübung »Flieger, in Deckung!« Zwei Reihen von Personen, Brust an Rücken, tragen eine Leiter auf den Schultern, stützen sie mit einer Hand. Beim Aufruf: »Flieger, in Deckung!« fallen sie zu Boden, ohne die Leiter von den Schultern zu lassen. Wer aber loslässt, stirbt unter einem Stock oder wird von einem Hund zu Tode gehetzt. Daraufhin beginnt der SS-Mann, die Sprossen der Leiter, die auf den Menschen liegt, auf- und abzugehen, auf und ab. Dann muss man aufstehen und, ohne die Reihen durcheinanderzubringen, wieder zu Boden fallen.

Du siehst, das Ganze ist schon unglaublich: kilometerlang Purzelbäume schlagen wie in Sachsenhausen, sich stundenlang

---

*   Jugendlicher Diener, Laufbursche des Blockältesten oder Kapos, s. Glossar.

auf dem Boden wälzen, Hunderte von Kniebeugen machen, ganze Tage und Nächte an einem einzigen Ort stehen, monatelang in einem Beton-sarg sitzen, in einem Bunker, mit gefesselten Händen an einem Pfahl oder an einer Stange hängen, die an zwei Stühlen befestigt ist, springen wie ein Frosch und kriechen wie eine Schlange, Wasser eimerweise bis zum Ersticken trinken, von Tausenden von Menschen unterschiedlichster Art geschlagen zu werden – sieh nur, ich lausche gierig den Geschichten über Gefängnisse, die niemand kennt, Gefängnisse aus der Provinz, aus Małkinia, Suwałki, Radom, Puławy, Lublin – mit einer ungeheuerlich entwickelten Technik für das Quälen von Menschen, und ich kann nicht glauben, dass sie plötzlich aus den Köpfen der Menschen verschwindet, wie Minerva aus dem Kopf des Jupiter. Ich kann dieses plötzliche Sich-Berauschen am Morden nicht verstehen, diesen Ausbruch eines scheinbar vergessenen Atavismus.

Und dann ist da auch noch dies: der Tod. Man hat mir einmal von einem solchen Lager erzählt, in dem jeden Tag neue Gefangenentransporte ankamen, Dutzende von Menschen auf einmal. Aber das Lager hatte eine festgelegte Anzahl an Essensrationen, ich erinnere mich nur noch schwach daran, vielleicht zwei- oder dreitausend, und der Kommandant wollte auf keinen Fall, dass die Gefangenen hungerten. Jeder Gefangene musste eine Essensration erhalten. Tag für Tag waren also ein paar Dutzend Menschen zu viel im Lager. Und Abend für Abend wurde in jedem Block mit Karten oder Brotkügelchen gelost, und die Ausgelosten gingen am nächsten Tag nicht zur Arbeit. Sie wurden mittags außerhalb der Drähte geführt und erschossen.

Und in diesem Ausbruch des Atavismus steht ein Mann aus einer anderen Welt, ein Mann, der sich verschwört, damit es keine Verschwörungen mehr zwischen den Menschen gibt, ein

Mann, der stiehlt, damit es keine Beute mehr auf Erden gibt, ein Mann, der tötet, damit Menschen nicht mehr ermordet werden.

Witek kam also aus dieser anderen Welt und war der »Pipel« von Kronszmidt, dem schlimmsten Henker von Pawiak. Und jetzt sitzt er neben mir und hört sich an, was in einem Menschen los sei, und wenn dieses etwas kaputtgehe, wie man es dann mit Hausmitteln reparieren könne. Dann kam es in einem Kursus zu einem Streit. Der Arzt wandte sich an Staszek, der so gut alles »organisieren« kann, und wies ihn an zu wiederholen, worum es bei der Leber gehe. Staszek hat es falsch wiederholt. Der Arzt sagte:

– Ihr antwortet wirklich sehr dumm, und außerdem könntet ihr aufstehen.

– Ich sitze schon im Lager, so kann ich auch in unseren Kursen sitzen bleiben – sagte Staszek und wurde rot. – Und außerdem: Beleidigen Sie mich nicht.

– Schweigt, ihr seid in einem Kursus.

– Klar, ihr möchtet, dass ich schweige, denn ich könnte sonst viel zu viel darüber erzählen, was ihr hier im Lager getan habt.

Daraufhin fingen wir an, mit den Stühlen zu klappern und zu schreien: »Ja! Ja!«, und der Arzt eilte zur Tür hinaus. Adolf kam herein, schimpfte uns aus – von wegen »Kameradschaft« –, und dann gingen wir in den Block zurück, ausgerechnet mitten im Vortrag über das Verdauungssystem. Staszek rannte sofort zu seinen Freunden, damit der Arzt ihm kein Bein stellen konnte. Und er wird es ihm wahrscheinlich nicht stellen, denn Staszek hat überall gute Rückendeckung. Und das ist etwas, was wir in der Lageranatomie gelernt haben: Wer eine gute Rückendeckung hat, dem kann man schwer ein Bein stellen. Und mit diesem Arzt ging es wirklich anders zu, er hat die Chirurgie von den Kranken gelernt. Wie viele von ihnen er um der Wissenschaft willen und wie viele aus Unwissenheit abgeschlachtet hat, ist schwer zu zählen. Aber wahrscheinlich sehr viele, denn im Krankenhaus gibt's immer ein großes Gedränge, und der Leichensaal ist stets voll.

Du wirst denken, während Du das liest, dass ich die Welt meines Zuhauses bereits vollständig verbannt habe. Ich schreibe und schreibe Dir nur über das Lager, über seine alltäglichen Geschehnisse, und aus diesen Geschehnissen schäle ich ihren Sinn heraus, als ob wir nichts anderes mehr zu erwarten hätten …

Erinnerst Du Dich an unser kleines Zimmer? An die Ein-Liter-Thermosflasche, die Du mir gekauft hast. Sie passte nicht in meine Tasche und schließlich – zu Deiner Entrüstung – wanderte sie unter das Bett. Und an die Geschichte über die Straßenrazzia in Żoliborz*, über die Du mir den ganzen Tag über das Telefon berichtet hast? Dass sie die Leute aus den Straßenbahnen herausgeholt haben, aber Du eine Haltestelle vorher ausgestiegen bist, dass sie die Mietskaserne abgesperrt haben, Du aber auf die Felder hinausgegangen bist – bis an die Weichsel? Und all das, was Du mir gesagt hast, als ich mich über den Krieg beklagte, über die Barbarei, über die Generation der Ungebildeten, die aus uns erwachsen wird:

– Denk an die Menschen, die in den Lagern sind. Wir verschwenden nur unsere Zeit, und sie werden müde und quälen sich ab.

In dem, was ich sagte, steckte eine Menge Naivität, Unreife wie auch die Suche nach Trost. Aber ich denke, dass wir wahrscheinlich doch keine Zeit vergeudet haben. Den chaotischen Gefühlen im Krieg zum Trotz lebten wir in einer anderen Welt. Vielleicht für die, die noch kommen wird. Wenn dies zu kühne

---

*   Ein bekanntes Viertel in Warschau.

Worte sind – verzeih mir. Und die Tatsache, dass wir jetzt hier sind – ich denke, das bedeutet, dass wir auch für diese Welt da sind. Glaubst Du, wenn es also die Hoffnung nicht gäbe, dass diese andere Welt trotzdem kommen wird, dass die Menschenrechte zurückkehren werden, wenn wir auch nur einen Tag in diesem Lager gelebt hätten? Es ist ja gerade die Hoffnung, die die Menschen dazu bringt, apathisch in die Gaskammer zu gehen, die ihnen sagt, keine Revolte zu riskieren, die sie in Starrheit verfallen lässt. Es ist die Hoffnung, die die Familienbande zerreißt, die die Mütter dazu bringt, ihre eigenen Kinder zu verleugnen, die Ehefrauen, sich für Brot zu verkaufen, und die Ehemänner, Menschen zu töten. Es ist die Hoffnung, die sie dazu bringt, um jeden Tag ihres Lebens zu kämpfen, denn vielleicht wird gerade dieser Tag die Befreiung bringen. Ach, und es ist nicht einmal mehr die Hoffnung auf eine andere, bessere Welt, sondern einfach auf ein Leben, in dem Frieden und Ruhe herrschen werden. Niemals in der Geschichte der Menschheit war die Hoffnung im Menschen stärker, aber niemals hat sie auch so viel Unheil angerichtet wie in diesem Krieg, wie in diesem Lager. Man hat uns also nicht beigebracht, die Hoffnung aufzugeben, und deshalb sterben wir im Gas.

Sieh, in was für einer originellen Welt wir leben: Wie wenig Leute gibt es in Europa, die keinen Menschen getötet haben! Und wie wenig Leute gibt es, die andere Menschen nicht umbringen wollten!

Und wir sehnen uns nach einer Welt, in der die Liebe eines anderen Menschen, die Ruhe vor anderen Leuten und die Erholung von Instinkten herrschen. Offensichtlich ist dies das Gesetz der Liebe und der Jugend.

PS – aber vorher, weißt Du, hätte ich den einen und den anderen am liebsten abgestochen, um meinen Lagerkomplex abzubauen, den Komplex des Mützenabnehmens, des untätigen Betrachtens derjenigen, die geschlagen und ermordet werden, den Komplex der Angst vor dem Lager. Ich fürchte allerdings, dass dieser Komplex auf uns lastet. Und ich weiß nicht, ob wir überleben werden, aber ich wünsche mir, dass wir eines Tages in der Lage sein werden, die Dinge beim Namen zu nennen, wie mutige Menschen es tun.

VI

Seit ein paar Tagen haben wir in den Mittagsstunden eine sich wiederholende Unterhaltung: Eine Kolonne von Menschen marschiert aus dem Block »Für Deutsche«* heraus, umrundet mehrmals das Lager und singt dabei »Morgen nach Heimat«**. Der »Lagerälteste«*** dirigiert und gibt den »Schritt und Tritt«**** mit einem Stock an.

Es sind Kriminelle, das heißt »Freiwillige« für die Armee. Sie haben alle Grünen Winkel herausgeholt und die Harmloseren unter ihnen werden an die Front geschickt. So jemand, der seine Frau und Schwiegermutter abgemurkst und den Kanarienvogel an die frische »Luft«***** gelassen hat, damit sich der Vogel in seinem Käfig nicht mehr quält, hat Glück, denn er wird bleiben. Im Moment sind sie aber alle zusammen, auf einem Haufen.

Sie lassen sie das Marschieren üben und warten ab, ob auch sie ein Verständnis für das Gemeinschaftsleben zeigen, oder nicht. Sie zeigen ihrerseits so viel Gemeinschaftssinn, wie sie es

---

*   Im Original auf Deutsch.
**   Im Original auf Deutsch, ein Soldatenlied.
***   Im Original auf Deutsch.
****   Im Original auf Deutsch.
*****   Im Original auf Deutsch.

nur können. Sie sind hier erst seit ein paar Tagen zusammen, haben aber bereits in ein Lagerhaus eingebrochen, jede Menge Pakete gestohlen, eine Kantine kurz und klein geschlagen und den »Puff« demoliert (der infolgedessen und wieder zum Bedauern aller geschlossen wurde) – warum also, sagen sie sehr klug, sollen wir in die Schlacht ziehen und unsere Köpfe für die SS-Männer hinhalten, wenn es uns hier gut geht? »Vaterland«* hin, »Vaterland« her, es wird auch ohne uns untergehen, und wer wird uns an der Front die Schuhe putzen, gibt es dort denn junge Burschen?

Da läuft also so´ne Meute über die Straße und singt »Morgen nach Heimat«**. Alles berühmte Totschläger, einer berühmter als der andere: Seppel, der Schrecken der »Dachdecker«***, der einen erbarmungslos bei Regen, Schnee und Frost arbeiten lässt und der einen wegen eines schlecht eingeschlagenen Nagels vom Dach wirft; Arno Böhm, Nummer 8, langjähriger Blockführer, Kapo und »Lagerkapo«****, der die Stubenältesten umbrachte, wenn sie Tee verkauften, oder ihnen für jede Minute Verspätung und jedes Wort, das sie nach dem Abendgong sagten, mindestens fünfundzwanzig Schläge verpasste; derselbe also, der kurze, aber rührende Briefe über Trennung und Rückkehr an seine alten Eltern in Frankfurt schrieb. Wir lernen sie alle kennen: Der eine schlug Leute in den DAW, der andere – war der Schrecken von Buna, jener Tollpatsch, aber wenn er krank war, unternahm er Touren zur »Bude«***** des Blockältesten, um sich Tabak zu besorgen, bis er, nachdem er ordentlich Arschprügel eingesteckt

---

hatte, ins Lager geworfen wurde und irgendein unglückseliges Arbeitskommando in seine diebischen Hände kriegte – natürlich zur Strafe für seine Touren. Es marschieren in einer Reihe bekannte Päderasten, Alkoholiker, Drogensüchtige, Sadisten – und ganz am Ende kommt Kurt, elegant gekleidet, er schaut sich ständig um, gerät aus dem Gleichschritt und singt nicht mit. Schlussendlich kam ich auf den Gedanken, dass er derjenige ist, der Dich für mich gesucht und gefunden und uns unsere Briefe gebracht hat, also rannte ich eilig die Treppe hinunter, packte ihn am »Hals«* und sagte:

– Kurt, du musst bestimmt hungrig sein, komm mal hoch, du Freiwilliger-Krimineller – und ich zeigte ihm das Fenster, das zu uns gehört.

Und in der Tat: Gegen Abend tauchte er bei uns auf, gerade zum Mittagessen, gekocht in unserem mit Majoliken gefliesten Ofen. Kurt ist sehr nett (das klingt komisch, aber es ist schwer mit einer anderen Bezeichnung dafür) und weiß, wie man gute Geschichten erzählen muss. Einst wollte er Musiker werden, aber sein Vater, ein reicher Ladenbesitzer, warf ihn aus dem Haus. Kurt ging nach Berlin, lernte dort ein Mädchen kennen, die Tochter eines anderen Ladenbesitzers, lebte mit ihr zusammen, schrieb für Sportzeitungen, kam wegen einer Schlägerei mit »Stahlhelm«** für einen Monat in den Bunker*** und ließ sich danach bei seinem Mädchen nie wieder blicken. Er kaufte einen Sportwagen und schmuggelte Devisen. Bei einem Spaziergang sah er seine Freundin, wagte es aber nicht, sich bei ihr in Erinnerung zu bringen. Dann reiste er regelmäßig nach Österreich und Jugoslawien, bis man ihn erwischte und einbuchtete. Und weil

---

*   Im Original auf Deutsch.
**   Im Original auf Deutsch, Wehrverband zur Zeit der Weimarer Republik.
***   Im poln. Gefängnisjargon Bienenstock.

es sich um Rückfälligkeit handelte (um diesen einen unglücklichen Monat), kam er nach dem Gefängnis zur Einweisung in ein Lager, und da musst du durch – du wartest auf das Ende des Krieges.

Der Abend bricht an, im Lagerhaus ist es schon nach dem Appell. Wir, mehrere Personen, sitzen am Tisch und erzählen uns Geschichten. Überall erzählte man sich Geschichten: unterwegs zum Arbeitskommando, auf dem Rückweg ins Lager, an der Schaufel und »Lore«*, abends auf der Pritsche, im Appellstehen. Wir erzählen Romane und wir erzählen das Leben. Und dies und jenes von außerhalb der Drähte. Heute sind wir wegen der Lagergeschichten zusammengekommen, vielleicht deshalb, weil Kurt bald entlassen wird.

– Eigentlich wusste doch niemand etwas Genaues über das Lager. Ja, ein wenig Unsinn über sinnlose Arbeit, wie zum Beispiel das Aufreißen und Verlegen von Asphalt oder das Streuen und Harken von Sand. Und selbstverständlich die Tatsache, dass es furchtbar ist. So ein Geschwätz ging unter den Leuten um. Aber Hand aufs Herz, all das interessierte niemanden besonders. Es ist sowieso klar, dass wenn einer erwischt wird, kommt er nicht mehr raus.

– Wenn du vor zwei Jahren gekommen wärst, hätte dich der Wind sicher durch den Schornstein hinausgeblasen, warf Staszek, der so gut alles »organisieren« kann, skeptisch ein.

Ich zuckte unwillig mit den Schultern.

– Oder auch nicht. Wenn er dich nicht hinausgeblasen hat, dann wird er mich vielleicht auch nicht hinausblasen. Aber wisst ihr, in Pawiak gab es mal einen aus Auschwitz.

– Er ist bestimmt zu einer Gerichtsverhandlung gekommen.

---

* Im Original auf Deutsch, Güterlore, Kipplore zum Schieben.

– Das ist richtig. Wir haben ihn gefragt, und er – nichts, als hätte er Wasser in den Mund genommen. Er hat nur gesagt: »Ihr werdet kommen und dann sehen. Und jetzt – was soll ich mit euch reden. Wie mit Kindern.«

– Hattest du Angst vor dem Lager?

– Ich hatte Angst. Wir verließen Pawiak am Morgen. In Fahrzeugen zum Bahnhof. Was schlecht ist: Die Sonne scheint dir in den Rücken. Was bedeutet: zum Westbahnhof. Nach Auschwitz. Sie luden uns im Eiltempo in die Viehwaggons, für diese Strecke! Wir reisten nach dem Alphabet, sechzig in einem Waggon, es war nicht einmal überfüllt.

– Hast du deine Klamotten mitgenommen?

– Natürlich habe ich sie mitgenommen. Eine Tagesdecke und eine Hausjacke von meiner Verlobten und zwei Bettlaken.

– Du Trottel, das hättest du deinen Freunden dalassen sollen. Du wusstest nicht, dass die alles wegnehmen würden?

– Es war so schade drum. Dann haben wir alle Nägel aus einer Wand entfernt, die Bretter herausgerissen und die Jacken geschnappt – nichts wie weg! Aber da war ein Maschinengewehr auf dem Dach, es hat sofort die ersten drei kaltgemacht. Der letzte streckte seinen Kopf aus dem Waggon und bekam eine Kugel in den Nacken. Der Zug wurde sofort angehalten, und wir alle ab in die Ecke! Ein Gebrüll, ein Geschreie, die Hölle! Wir hätten nicht weglaufen dürfen! Feiglinge! Sie werden uns umbringen! Und Flüche, aber was für Flüche!

– Nicht schlechter als die im Weiberlager.

– Nein, nicht schlechter. Aber immer kräftig. Und ich saß unter einem Haufen von Leuten, aber ganz auf dem Boden. Ich denke: Alles klar, wenn sie schießen, werde ich nicht der Erste sein. Und das ist auch gut so, denn sie haben geschossen. Sie feuerten eine Salve in den Haufen, töteten zwei und verwundeten den dritten an der Seite. Und »los, aus«*, ohne Zeugs! Nun, ich denke, jetzt »kaputt«**! Schluss also, jetzt gibt's eine Kugel! Die Hausjacke tat mir ein wenig leid, denn ich hatte eine Bibel darin, und ihr versteht, immerhin von meiner Verlobten.

– Die Tagesdecke, glaube ich, war auch von der Verlobten?

– Das war sie. Sie hat mir auch leidgetan. Aber ich habe nichts mitgenommen, weil sie mich die Stufen runtergeworfen haben. Ihr habt keine Ahnung, wie groß die Welt ist, wenn man aus einem geschlossenen Waggon herausfliegt! Der Himmel ganz hoch …

– … blau …

– Stimmt, er ist blau, und die Bäume duften so, der Wald auch, dass man Lust kriegt, nach all dem mit den Händen zu greifen! Um uns herum aber die SS-Männer mit Maschinenge-wehren in den Pfoten. Vier haben sie zur Seite abgeführt, und uns trieben sie in den zweiten Waggon. Wir waren einhundert-zwanzig, drei Tote und ein Verwundeter. Es fehlte nicht viel und wir wären in dem Waggon fast erstickt. Es war so stickig, dass sich das Wasser von der Decke ergoss, aber buchstäblich. Kein einziges Fensterchen, nichts, alles war mit Brettern vernagelt. Wir schrien nach Luft und Wasser, aber als sie zu schießen be-gannen, beruhigten wir uns sofort wieder. Dann brachen wir auf dem Boden zusammen und lagen da wie geschlachtete Fer-kel. Ich zog meinen Pullover aus, dann die zwei Hemden. Mein Körper troff vor Schweiß. Aus meiner Nase tropfte langsam Blut. In meinen Ohren fühlte ich ein Rauschen. Ich sehnte mich nach Oświęcim***, denn das bedeutete frische Luft. Als die Türen an der Rampe geöffnet wurden, kam ich nach dem ersten Zug

---

*   Im Original auf Deutsch.
**   Im Original auf Deutsch.
***   Im Original auf Polnisch.

wieder vollkommen zu Kräften. Es war eine Aprilnacht, sternenübersät, kalt. Ich spürte die Kälte nicht, obwohl ich mir ein völlig durchnässtes Hemd überzog. Jemand umarmte mich von hinten und küsste mich. »Bruder, Bruder« – flüsterte er. In der schwarzen, bodennahen Dunkelheit leuchteten reihenweise die Lichter des Lagers. Über ihnen züngelte eine unruhige rostrote Flamme. Die Dunkelheit lief bei ihr zusammen. Sie schien auf einem himmelhohen Berg zu brennen. »Krematorium!« – flüsterte es durch die Reihen.

– Du kannst ganz schön reinhauen, man merkt sofort, dass du ein Dichter bist – sagte Witek anerkennend.

– Wir gingen ins Lager und schleppten die Leichen mit. Ich hörte das schwere Atmen von Menschen hinter mir und dachte, dass meine Verlobte mir folgte. Ab und zu gab es ohrenbetäubende Schläge. Kurz vor dem Tor wurde ich von einem Bajonett in den Schenkel getroffen. Es hat nicht weh getan, es wurde nur sehr warm. Das Blut lief an meinem Schenkel und meiner Wade herab. Nach ein paar Schritten wurden meine Muskeln taub und ich fing an zu hinken. Der begleitende SS-Mann schlug noch ein paar Leute vor mir und sagte, als wir das vergitterte Tor des Lagers betraten:

– Hier werdet ihr euch gut erholen können.

Das war am Donnerstag in der Nacht. Und am Montag ging ich zum Arbeitskommando, sieben Kilometer vom Lager entfernt. Nach Budy, um Telegrafenmasten zu schleppen. Mein Bein tat höllisch weh. Aber die Erholung gibt´s wirklich, und was für eine!

– Doch davon ist nichts zu merken – sagte Witek, zumal die Juden eine noch viel schlimmere Fahrt durchstehen müssen. Während du nichts hast, womit du prahlen könntest.

Die Meinungen waren geteilt, was die noch schlimmere Fahrt, die Transporte also, und die Juden betraf.

– Juden, ihr wisst doch, wie Juden sind! – Staszek ergriff das Wort. – Du wirst sehen, die werden mit ihrem Lager noch ein »Geschäft«* machen! Sie werden es überall tun, es gibt sie nämlich sowohl im Krematorium als auch im Ghetto, und ihre eigene Mutter verkaufen sie schon für eine Schüssel Kohlrüben! Eines Morgens treten wir zum »Arbeitskommando«** an, neben uns das »Sonder«***, ich sag euch, Kerle wie Bullen, richtig glücklich und zufrieden mit ihrem Leben, denn wie könnte es auch anders sein? Und neben mir mein Freund Mojsze, der Spezialist für Beißerchen. Er aus Mława und ich aus Mława, ihr wisst ja, wie das ist, Freunde und Geschäftsleute, Zuverlässigkeit und Vertrauen. »Wie geht's dir, Mojsze, gibt's was Neues? Was fehlt dir denn?« – »Ich habe ein Foto mit meiner Familie drauf bekommen.« – »Also, warum machst du dir Sorgen, ist doch gut.« – »Scher dich zum Teufel mit diesem ›ist doch gut‹, ich hab doch meinen eigenen Vater in den Schornstein geschickt!« – »Das kann nicht sein!« – »Das kann sein, denn ich habe ihn geschickt. Er kam mit dem Transport, sah mich vor der Gaskammer, ich trieb die Leute zusammen, er warf sich mir an den Hals, begann mich zu küssen und fragte mich, was nun alles passieren würde, und er sagte, dass er hungrig sei, weil sie zwei Tage ohne Essen gefahren seien. Und plötzlich schreit der Kommandoführer, dass man nicht herumstehen dürfe, dass man arbeiten müsse! Was hätte ich denn tun sollen? ›Geh, Vater‹, sage ich, ›nimm ein Bad im Badehaus und später reden wir, du siehst, ich habe jetzt keine Zeit.‹ Und der Vater ging in die Gaskammer. Und danach habe ich die Fotos aus seiner Kleidung

---

*   Im Poln. auf Deutsch, aber in poln. Phonetik: geszeft.
**   Im Original auf Deutsch.
*** Im Original auf Deutsch, Sonder – Abkürzung für Sonderkommando.

herausgeholt. Und sag mir, was soll daran gut sein, dass ich nun die Fotos besitze?«

Wir fingen alle an zu lachen. Übrigens, es ist gut, dass die »Arier« zurzeit nicht vergast werden. Alles andere, nur das nicht.

– Früher hat man sie auch vergast – sagte der »hiesige« Krankenpfleger, der sich immer zu uns setzt. – Ich bin schon in diesem Block seit einer Ewigkeit und kann mich an vieles erinnern. Wie viele Menschen sind durch meine Hände ins Gas gegangen, Kollegen und Bekannte aus einer Stadt! Man erinnert sich nicht einmal mehr an die Gesichter. Es ist ganz einfach – die Masse halt. Aber an einen Vorfall werde ich mich wahrscheinlich mein ganzes Leben lang erinnern. Zu dieser Zeit war ich Krankenpfleger in der Ambulanz. Beim Verbinden und Behandeln gehe ich nicht allzu sehr behutsam vor, das weiß man doch, dass es für solchen Firlefanz keine Zeit gibt. Du machst an der Pfote oder am Rücken oder an was auch immer ein wenig herum, dann der Mullverband, die Bandage und raus! Der Nächste! Man schaut sich nicht einmal das Gesicht an. Es bedankt sich auch niemand, denn es gibt nichts, wofür man sich bedanken könnte. Aber einmal habe ich irgendeine Phlegmone behandelt und einen Verband angelegt, und da sagt jemand von der Tür her zu mir: »Spasiba, Herr Pfleger!«* So ein blasses, abgemagertes Ding, das sich kaum auf seinen geschwollenen Beinen halten konnte. Ich ging ihn mal besuchen und brachte ihm Suppe. Er hatte eine Phlegmone an der rechten Pobacke, dann am ganzen Schenkel Eitertaschen. Er litt wirklich furchtbar. Er weinte und sprach die ganze Zeit von seiner Mutter. »Sei still«, sagte ich ihm, »wir haben schließlich auch Mütter, und wir weinen nicht.« Ich tröstete ihn, so gut ich konnte, denn er beklagte sich, dass er

---

* Spasiba, russ. für danke, im Original weiter auf Poln.: »panie fleger«, Herr Pfleger.

nicht mehr nach Hause zurückkehren würde. Aber was konnte ich ihm schon geben? Eine Schüssel Suppe und manchmal ein Stück Brot. Nun, ich versteckte Toleczka so gut wie möglich vor »wybiórka«*, aber eines Tages fanden sie ihn und er wurde angemeldet. Ich kam dann sofort zu ihm. Er lag im Fieber. Und er sagte zu mir: »Das macht nichts, dass ich ins Gas gehe. Wie es scheint, ist es richtig so. Aber wenn der Krieg endet und du überlebst …« – »Ich weiß nicht, Toleczka, ob ich überleben werde«, unterbrach ich ihn. »Du wirst überleben«, fügte er hartnäckig hinzu, »und du wirst zu meiner Mutter fahren. Nach dem Krieg wird es sicherlich keine Grenzen, keine Staaten, keine Lager und keine Menschen geben, die sich gegenseitig umbringen. Wied' eto poslednij boj«**, sagte er mit Nachdruck. »Poslednij, pani majesch?«*** – »Ich verstehe«, antwortete ich. – »Du wirst zu meiner Mutter fahren und ihr sagen, dass ich umgekommen bin. Es darf keine Grenzen mehr geben. Und auch keinen Krieg. Und auch keine Lager. Wirst du es ihr sagen?« – »Ich werde es ihr sagen.« – »Und merke dir das: Meine Mutter lebt in der Region Dalnewostotschny, in der Stadt Chabarowsk, in der Leo-Tolstoi-Straße Nummer fünfundzwanzig****, wiederhole es.« Ich wiederholte es. Ich wandte mich daraufhin an den Blockältesten Szary, der Toleczka noch von der Liste nehmen konnte. Er haute mir stattdessen in die Schnauze und warf mich aus seiner »Bude«. Toleczka ging ins Gas. Szary wurde ein paar Monate später mit einem Transport weggebracht. Bei der Abfahrt hat er uns um Zigaretten gebeten. Ich habe aber alle aufgehetzt, damit ihm niemand was geben würde. Und das haben sie auch nicht. Und viel-

---

*   wybiórka, poln. für Selektion, s. Glossar.

**   Im Original russ., poln. Transkription: »Das ist die letzte Schlacht (…)«

***   Im Original russ., poln. Transkription: »Die letzte, verstehst du?«

****   Im Original russ., poln. Transkription: »Dalnewostotschny (…) fünfundzwanzig (…)«

leicht habe ich das Falsche getan, denn schließlich wurde er zum Kaputtmachen nach Mauthausen gebracht. Und die Adresse von Toleczkas Mutter habe ich mir gut gemerkt: Region Dalnewostotschny, Stadt Chabarowsk, Leo-Tolstoi-Straße …

Wir schwiegen. Ein besorgter Kurt fragte, was passiert sei, da er ohnehin nichts von dem Gespräch verstanden habe. Witek fasste es für ihn zusammen:

– Wir reden über das Lager und darüber, ob die Welt ein besserer Ort sein wird. Du könntest auch dazu etwas sagen.

Kurt schaute uns lächelnd an und sprach langsam, damit wir es alle verstehen konnten:

– Ich werde mich kurzfassen. Als ich in Mauthausen war, wurden dort zwei Ausbrecher gefasst, ausgerechnet an Heiligabend. Sie stellten den Galgen auf dem Platz auf, direkt neben dem großen Weihnachtsbaum. Das ganze Lager war zum Appell versammelt, als die beiden gehängt wurden. Die Lichter am Weihnachtsbaum hatte man gerade angezündet. Dann trat der Lagerführer vor, wandte sich an die Gefangenen und erteilte den Befehl:

– »Häftlinge, Mützen ab!«[*]

Wir nahmen unsere Mützen ab. Der Lagerführer sagte in der traditionellen Heiligabend-Rede:

– Wer sich wie ein Schwein verhält, wird auch wie ein Schwein behandelt. Häftlinge, Mützen auf!

Wir setzten unsere Mützen auf.

– Wegtreten!

Wir traten weg.

Wir zündeten uns Zigaretten an. Wir schwiegen. Jeder dachte an seine eigenen Dinge.

---

[*]   Im Original auf Deutsch.

VII

Wären die Wände der Baracken eingestürzt, hätten Tausende von zusammen- und niedergeschlagenen Menschen auf ihren Pritschen in der Luft gehangen. Das wäre ein noch widerlicherer Anblick gewesen als die mittelalterlichen Gemälde des Jüngsten Gerichts. Was die Menschen am meisten erschüttert, ist der Anblick eines anderen Menschen, der auf seinem eigenen Stück Pritsche schläft, einem Platz, den er einnehmen muss, weil er einen Körper hat. Sie haben den Körper so gut wie möglich auszunutzen gewusst: eine Nummer eintätowiert, um sich die Halsbänder zu sparen, nachts genug Schlaf geschenkt, damit der Mensch arbeiten kann, und tagsüber ausreichend Zeit zum Essen. Und so viel zu essen, damit er nicht unproduktiv krepiert. Es gibt außerdem nur einen Platz zum Leben: ein Stück Pritsche; der Rest gehört dem Lager, dem Staat. Aber weder dieses Stück Platz noch das Hemd und noch die Schaufel gehören dir. Wenn du krank wirst, nehmen sie dir alles weg: deine Kleidung, deine Mütze, deinen geschmuggelten Schal, dein Taschentuch. Wenn du stirbst – reißen sie dir die Goldzähne aus, die bereits in den Lagerbüchern und -unterlagen verzeichnet wurden. Sie verbrennen dich, streuen die Asche über Felder aus oder legen die Teiche trocken. Zugegeben, beim Verbrennen verschwenden sie so viel Fett, so viele Knochen, so viel Fleisch, so viel Hitze! Aber anderswo machen sie Seife aus Menschen, Lampenschirme aus Menschenhaut, Schmuck aus Knochen. Wer weiß, vielleicht für den Export an die Schwarzen, die sie eines Tages erobern werden?

Wir arbeiten unter der Erde und am Boden, unter dem Dach und im Regen, mit Schaufel, »Lore«, Spitzhacke und Brechstange. Wir tragen Zementsäcke, verlegen Ziegelsteine und Eisenbahnschienen, zäunen Grundstücke ein, zertreten den

Erdboden … Wir schaffen die Fundamente für eine neue, monströse Zivilisation. Erst jetzt habe ich den Preis des Altertums kennengelernt. Was für ein ungeheuerliches Verbrechen sind die ägyptischen Pyramiden, Tempel und griechischen Statuen! Wie viel Blut muss auf römischen Straßen, auf Grenzwällen und in Stadtgebäuden vergossen worden sein! Diese Antike war ein riesiges Konzentrationslager, in dem einem Sklaven das Zeichen seines Besitzers auf die Stirn gebrannt wurde, und wenn er geflohen war, kreuzigte man ihn. Diese Antike, die eine große Verschwörung der freien Menschen gegen die Sklaven war!

Du erinnerst dich, wie sehr auch ich Plato gemocht habe. Doch heute weiß ich, dass er gelogen hat. Denn in den irdischen Dingen spiegelt sich nicht das Ideal, sondern liegt die harte, blutige Arbeit des Menschen. Wir waren es, die die Pyramiden bauten, die Marmor für Tempel und Steine für Straßen des Imperiums schlugen, wir waren es, die die Galeeren ruderten und die Hakenpflüge zogen, während andere Dialoge und Dramen schrieben, ihre Intrigen mit Vaterlandsliebe rechtfertigten, für Grenzen und Demokratien kämpften. Wir waren dreckig und starben wirklich. Die anderen waren ästhetisch und diskutierten zum Schein.

Es gibt keine Schönheit, wenn in ihr ein dem Menschen angetanes Unrecht liegt. Es gibt keine Wahrheit, die über dieses Unrecht hinwegsehen könnte. Es gibt keine Güte, die dieses überhaupt zulassen würde.

Was weiß denn also die Antike über uns? Sie kennt den listigen Sklaven von Terenz und Plautus, sie kennt die Volkstribunen von Gracchus und den Namen eines einzigen Sklaven – Spartakus.

Sie haben die Geschichte gemacht und Hauptsache, es gab einen Verbrecher – Scipio – und einen Anwalt – Cicero oder

Demosthenes, an sie erinnern wir uns auch ganz genau. Wir begeistern uns für die Ausrottung der Etrusker, für die Vernichtung Karthagos, für Verrat, Hinterlist und Plünderung. Römisches Recht! Und heute gibt es das Recht auch!

Was wird die Welt über uns wissen, wenn Deutschland siegen sollte? Es werden riesige Gebäude, Autobahnen, Fabriken und himmelhohe Monumente entstehen. Unsere Hände werden unter jeden Ziegelstein gelegt, auf unseren Schultern Eisenbahnschwellen und Betonplatten getragen. Sie werden unsere Familien, unsere Kranken, unsere alten Menschen niedermetzeln. Sie werden unsere Kinder niedermetzeln.

Und niemand wird von uns etwas wissen. Wir werden von Dichtern, Juristen, Philosophen und Priestern niedergeschrien werden. Sie werden Schönheit, Güte und Wahrheit schaffen. Sie werden Religion schaffen.

Vor drei Jahren gab es hier noch Dörfer und Siedlungen. Es gab Felder, Feldwege und Birnbäume auf dem Feldrain. Es gab Menschen, die nicht besser oder schlechter waren als andere.

Dann kamen wir. Wir vertrieben die Menschen, zerstörten die Häuser, ebneten die Erde, verwandelten sie in Schlamm. Wir errichteten Baracken, Zäune und Krematorien. Wir brachten Krätze, Phlegmone und Läuse mit.

Wir arbeiten in Fabriken und Bergwerken. Wir leisten eine gewaltige Arbeit, aus der jemand einen unerhörten Gewinn zieht.

Merkwürdig ist hier die Geschichte der Firma Lenz. Diese Firma baute uns das Lager, die Baracken, Hallen, Lagerhäuser, Bunker und Schornsteine. Das Lager stellte ihr dagegen Häftlinge zur Verfügung und die SS gab ihr die Baustoffe. Bei der Abrechnung stellte sich heraus, dass die Forderung so fantastische Millionenbeträge umfasste, dass nicht nur Auschwitz, sondern auch Berlin die Haare zu Berge standen. Meine Herren, sagte man, das geht nicht, Sie haben viel zu viel verdient, so viele Millionen! Doch, doch, so das Unternehmen, bitte sehr, hier sind die Rechnungen. Ja, das verstehen wir, sagte Berlin, aber wir können das nicht zahlen. So, hier, die Hälfte, schlug ein patriotisches Unternehmen vor. Gut, wir dann dreißig Prozent, handelte Berlin noch aus, und dabei blieb es. Seitdem werden alle Rechnungen der Firma von Lenz entsprechend gekürzt. Lenz ist jedoch nicht beunruhigt: Wie alle deutschen Unternehmen erhöhte die Firma einfach ihr Betriebskapital. Sie hat mit Auschwitz ein riesiges Geschäft gemacht und wartet in aller Ruhe auf das Ende des Krieges. Genauso wie die Firma Wagner und Continental für die Wasserversorgung, Firma Richter für Brunnen, Siemens für Beleuchtung und elektrische Leitungen, Lieferanten von Ziegeln, Zement, Eisen und Holz, Hersteller von Barackenteilen und gestreifter Häftlingskleidung. So wie der Autogigant Union, so wie die Schrottabbaubetriebe DAW. Das gilt auch für die Eigentümer der Bergwerke in Mysłowice, Gliwice, Janina und Jaworzno. Derjenige von uns, der überleben wird, muss eines Tages den Gegenwert dieser Arbeit fordern. Nicht Geld, nicht Waren, sondern harte, steinige Arbeit.

Wenn die Kranken und die Feierabendler schlafen gehen, spreche ich mit Dir aus der Ferne. Ich sehe Dein Gesicht in der Dunkelheit, und obwohl ich mit Bitterkeit und Hass spreche, die Dir beide fremd sind, weiß ich, dass Du aufmerksam zuhörst.

Du bist an mein Schicksal gekoppelt. Nur, dass Du für eine Spitzhacke keine geeigneten Hände und zugleich einen Körper hast, der nicht an Krätze gewöhnt ist. Uns verbindet unsere Liebe und die grenzenlose Liebe derer, die noch geblieben sind. Derjenigen, die für uns leben und unsere Welt ausmachen. Die Gesichter unserer Eltern, Freunde, die Formen der Gegenstände, die noch geblieben sind. Und das ist uns das Teuerste, was wir teilen können: das Überleben! Und selbst wenn man uns auf der Krankenhauspritsche nur noch unsere Körper gelassen hätte, werden unsere Gedanken und Gefühle immer noch bei uns sein.

Und ich denke, dass die Würde eines Menschen wirklich in seinem Denken und in seinem Fühlen liegt.

VIII

Du hast keine Ahnung, wie glücklich ich bin. Zunächst einmal – der lange Elektriker. Ich gehe jeden Morgen mit Kurt zu ihm (weil das sein guter Bekannter ist) und wir übergeben ihm die Briefe. Der Elektriker, eine fantastisch alte Nummer, etwas mehr als eintausend, belädt sich mit Würsten, Tüten mit Zucker, Damenunterwäsche und steckt jede Menge Briefe in seinen Schuh, wo es dafür Platz gibt. Der Elektriker ist glatzköpfig und hat kein Verständnis für unsere Liebe. Der Elektriker verzieht bei jedem Brief, den ich ihm bringe, das Gesicht. Der Elektriker sagt, wenn ich dem Elektriker Zigaretten aushändigen will:

– Herr Kollege, hier in Auschwitz nimmt man für Briefe nichts! Und jetzt meine Antwort: Wenn ich kann, bringe ich was mit.

Also gehe ich am Abend erneut zu ihm. Und der umgekehrte Vorgang läuft ab: Der Elektriker greift in seinen Schuh, holt einen Zettel von Dir heraus, gibt ihn mir und verzieht wieder das Gesicht, aber unwillig. Denn der Elektriker hat kein Verständnis für unsere Liebe. Und den Bunker, diesen Käfig mit den Maßen ein Meter mal eineinhalb, mag er bestimmt überhaupt nicht. Denn der Elektriker ist sehr lang und würde sich in dem Bunker nicht wohlfühlen.

Also, erstens vor allem – der lange Elektriker. Und dann zweitens – die Heirat des Spaniers. Der Spanier hatte Madrid verteidigt, musste nach Frankreich fliehen und wurde nach Auschwitz gebracht. Wie der Spanier halt so ist: Er hatte eine französische Geliebte und mit ihr ein Kind. Als das Kind immer größer wurde und der Spanier immer noch im Lager war, geriet die Französin in Panik, dass sie unbedingt heiraten wolle! Also einen Antrag an H. selbst gestellt, und H. empörte sich: Was für eine Unordnung im neuen Europa, sie sollen sofort getraut werden!

Die Französin und ihr Kind wurden ins Lager eingeschleppt, die gestreifte Hose des Spaniers in aller Eile ausgezogen, ein eleganter, vom Wäschereikapo persönlich gebügelter Anzug angepasst, eine Krawatte aus den üppigen Sammlungen des Lagers sorgfältig und zu den Socken passend ausgewählt und die Hochzeit vollzogen.

Dann schritten die Jungverheirateten zum Foto: sie mit ihrem Sohn und einem Strauß Hyazinthen in der Hand, er mit ihr eingehakt. Hinter ihnen ein Orchester in corpore, hinter dem Orchester ein wütender SS-Mann von der Küche her:

– Ich mache über euch eine Meldung, dass ihr während der Arbeitszeit spielt, anstatt Kartoffeln zu schälen! Meine Suppe steht da ohne Kartoffeln! Alle Hochzeiten können mich am …

– Ganz ruhig … – beruhigten ihn jetzt andere Würdenträger. – Berlin hat es so befohlen. Und die Suppe kann ja auch mal ohne Kartoffeln sein.

In der Zwischenzeit wurden die Jungverheirateten fotografiert und bekamen für ihre Hochzeitsnacht die Appartements im Puff, dessen Gäste man verjagte und kurzfristig in die Zehn verlegte. Am nächsten Tag wurde die Französin nach Frankreich zurückgeschickt und der Spanier in gestreiften Hosen zum Arbeitskommando.

Unterdessen läuft das ganze Lager herum, als hätte es einen Stock verschluckt.

– Bei uns in Auschwitz gibt es sogar Hochzeiten.

Also, erstens vor allem – der lange Elektriker. Und dann zweitens – die Heirat des Spaniers. Und drittens: Wir schließen unseren Kursus ab. Vor kurzem haben auch die Krankenpflegerinnen vom FKL den Abschluss gemacht. Wir haben uns dann mit Kammermusik von ihnen verabschiedet. Sie hockten alle am Fenster des zehnten Blocks, und in unseren Fenstern spielten die Außergewöhnlichen des Orchesters für sie: Trommel, Saxophon und Geige. Das Saxophon ist am genialsten: Es schluchzt und weint, lacht und blitzt!

Schade, dass Słowacki* das Instrument nicht kannte, er wäre sicher Saxophonist geworden, um den Reichtum seines Ausdrucks zu genießen.

Erst die Frauen und jetzt wir. Wir versammelten uns auf dem Dachboden, der Lagerarzt Rhode kam herein (der »Anständige«, der keinen Unterschied zwischen Juden und »Ariern« macht), er kam herein, schaute uns und die Verbände an, die wir angelegt hatten, er sagte dann, dass er sehr zufrieden sei und dass bei uns in Auschwitz ab jetzt sicher alles besser werden würde. Und er ging schnell weg, denn auf dem Dachboden war es kalt.

Bei uns in Auschwitz verabschieden sie uns heute schon den ganzen Tag. Franz, der aus Wien, hat mir den ultimativen Vortrag über den Sinn des Krieges gehalten. Hin und wieder ein wenig stotternd sprach er von Menschen, die arbeiten, und von Menschen, die zerstören. Vom Sieg der einen und von der Niederlage der anderen. Davon, dass ein Genosse aus unserer Generation aus London und Uralsk, aus Chicago und Kalkutta,

---

*   Juliusz Słowacki, poln. Nationaldichter (1809 – 1849).

vom Land und von der Insel für uns kämpfte. Von der kommenden Verbrüderung der Menschen, die etwas erschaffen wollen. »Hier«, dachte ich, »inmitten von Zerstörung und Tod wird der Messianismus geboren, ein gewöhnlicher Weg des menschlichen Denkens.« Dann klappte Franz sein Paket auf, das er gerade aus Wien erhalten hatte, und wir tranken Abendtee. Franz sang österreichische Lieder und ich sprach Gedichte, die er nicht verstand.

Bei uns in Auschwitz gab man mir Medikamente und einige Bücher mit auf den Weg. Ich habe sie unter das Essen in mein Paket reingequetscht. Stell Dir vor – die Gedanken des Angelus Silesius. Ich bin also glücklich, weil ich alles unter einen Hut bekommen habe: den langen Elektriker, die Hochzeit des Spaniers, den Abschluss meiner Kurse. Und zum Schluss viertens: Ich habe gestern Briefe von zu Hause bekommen. Die Briefe haben lange Zeit nach mir gesucht, und sie haben mich gefunden.

Seit fast zwei Monaten hatte ich kein Lebenszeichen mehr von zu Hause, und ich war furchtbar besorgt, denn die Nachrichten hier über die Bedingungen in Warschau klingen fantastisch. Ich hatte schon angefangen, verzweifelte Briefe zu schreiben, und gerade gestern – stell Dir vor! zwei Briefe: einen von Staszek und einen von meinem Bruder.

Staszek schreibt in sehr einfachen Worten, wie ein Mann, der in einer fremden Sprache Inhalte vermitteln will, die von Herzen kommen. »Wir mögen dich und erinnern uns an dich«, schreibt er, »und wir erinnern uns auch an Tuśka*, deine Verlobte. Wir leben, arbeiten und schaffen.« Sie leben, arbeiten und schaffen, nur dass Andrzej umgekommen und Wacek »tot« ist.

---

* Gemeint ist Borowskis Verlobte Maria Rundo.

Wie fatal, dass ausgerechnet die beiden Talentiertesten aus unserer Generation, die die größte Schaffenslust hatten, sterben mussten!

Du weißt ja, wie sehr ich mich gegen sie gestemmt habe: gegen ihr imperiales Konzept der Errichtung eines gefräßigen Staates, ihr unfaires Denken in sozialen Belangen, ihre Theorien der nationalen Kunst, ihre Philosophie, die so verworren ist wie der Meister Brzozowski selbst, ihre poetische Praxis, die mit der Stirn gegen die Wand der Avantgarde schlägt, ihren Lebensstil der bewussten und unbewussten Verlogenheit und Heuchelei.

Und heute, da uns die Schwelle zweier Welten trennt, eine Schwelle, die auch wir überschreiten werden, greife ich diese Auseinandersetzung über den Sinn der Welt, den Lebensstil und das Antlitz der Poesie auf. Und heute werde ich ihnen vorwerfen, dass sie sich den suggestiven Ideen eines mächtigen, besitzergreifenden Staates gebeugt und das Böse bewundert haben, das Böse, dessen Makel der ist, dass es nicht unser Böses ist. Und heute werde ich sie der Ideenlosigkeit in ihrer Poesie anklagen, der Abwesenheit des Menschen in ihr, der Abwesenheit des Dichters in ihr.

Aber ich sehe ihre Gesichter an der Schwelle zu einer anderen Welt und denke an sie, an all die jungen Burschen aus meiner Generation, und ich spüre, wie die Leere um uns herum immer größer wird. Sie sind so unglaublich unschuldig von uns gegangen, so in der Mitte ihres Werks, das sie schaffen wollten. Sie sind gegangen, obwohl sie so sehr zu dieser Welt gehörten. Ich verabschiede mich von ihnen, meinen Freunden von der anderen Barrikade. Mögen sie in der anderen Welt die Wahrheit und die Liebe finden, die sie hier nicht kennengelernt haben!

… Ewa, die so schöne Gedichte über die Harmonie und die Sterne rezitierte, und dass »es noch nicht so schlimm ist«, wurde ebenfalls erschossen. Die Leere, die Leere wird immer größer. Es gehen uns ferne und nahe Menschen von uns, und nicht mehr für den Sinn des Kampfes, sondern für das Leben für geliebte Menschen sollten diejenigen beten, die zu beten verstehen.

Ich dachte, mit uns würde das Ganze ein Ende nehmen. Dass wir, wenn wir zurückkehren sollten, in eine Welt zurückkehren würden, die diese schreckliche, uns erstickende Atmosphäre nicht erlebt hat. Dass nur wir untergegangen sind. Aber dort verschwinden die Menschen auch – direkt aus der Mitte des Lebens, des Kampfes, der Liebe.

Wir sind unempfindlich wie Bäume, wie Steine. Und wir schweigen wie gefällte Bäume, wie zerbrochene Steine.

Der zweite Brief kommt von meinem Bruder. Du weißt, wie herzlich die Briefe sind, die Julek mir schreibt. Und jetzt schreibt er mir, dass sie an uns denken, dass sie warten, dass sie alle Bücher und Gedichte verstecken …

Und wenn ich zurückkehre, werde ich einen neuen Gedichtband von mir in meinem Bibliotheksregal vorfinden. »Das sind Gedichte über deine Liebe«, schreibt mein Bruder. Ich denke, dass unsere Liebe und Poesie symbolisch miteinander verflochten sind und dass die Gedichte, die nur für Dich geschrieben wurden und mit denen man Dich verhaftet hatte, aus der Ferne schon als ein sicherer Sieg betrachtet werden können. Sie wurden veröffentlicht – vielleicht als Andenken an uns? Ich bin der Menschenfreundschaft dankbar, dass sie von uns die Poesie und die Liebe bewahrt und unser Recht auf beide anerkennt.

Und mein Bruder schreibt mir noch von Deiner Mutter, dass sie an uns denkt und glaubt, dass wir zurückkommen und immer zusammen sein werden, denn das sei das menschliche Gesetz.

… Erinnerst Du Dich daran, was Du mir auf die erste Postkarte, die ich einige Tage nach Deiner Ankunft im Lager von Dir erhalten habe, geschrieben hast? Du schreibst, Du seist krank und verzweifelt, weil Du mich in Wahrheit ins Lager »geworfen« hättest. Wenn Du nicht gewesen wärst, wäre ich es ja gewesen usw. Und weißt Du, wie es wirklich war?

Es war ja so, dass ich auf den Anruf von Dir, den Du bei Maria vereinbart hast, gewartet habe. Nachmittags gab es bei mir den Untergrundunterricht – wie immer an einem Mittwoch –, ich habe wohl etwas über meine Spracharbeit erzählt, und dabei, so dämmert es mir zumindest, scheint die Karbidlampe ausgegangen zu sein.

Dann habe ich auf Deinen Anruf gewartet. Ich wusste, dass du anrufen musstest, weil du es mir versprochen hattest. Du hast aber nicht angerufen. Ich weiß nicht mehr, ob ich zum Mittagessen gegangen bin. Wenn ich hingegangen bin, so habe ich mich, als ich zurückgekommen bin, wieder neben das Telefon gesetzt, und ich habe Angst gehabt, dass ich nichts aus dem Nebenzimmer hören würde. Ich las einige Zeitungsausschnitte und eine Novelle von Maurois über einen Mann, der deshalb Seelen wog, weil er lernen wollte, menschliche Seelen in unvergängliche Gefäße zu schließen, um in sie seine eigene Seele und die seiner geliebten Frau zu schließen. Aber er versiegelte stattdessen nur die Seelen zweier abenteuerlustiger Zirkusnarren, und seine Seele und die seiner Frau mussten sich im Universum auflösen. Gegen Morgen schlief ich dann ein.

Am Morgen ging ich nach Hause, wie immer mit meiner Aktentasche, mit meinen Büchern. Ich frühstückte und sagte, dass ich zum Mittagessen zurückkommen und es sehr eilig haben würde; ich rieb dem Hund das Ohr ein und ging zu Deiner Mutter. Die Mutter hatte sich Sorgen um Dich gemacht. Ich fuhr also mit der Straßenbahn zu Maria. Ich schaute mir lange die Bäume im Łazienki-Park an, weil ich sie sehr mag. Zur Entspannung ging ich zu Fuß über die Puławska-Straße. Auf der Treppe lagen ungewöhnlich viele Zigarettenstummel und, wenn ich mich recht erinnere, gab es auch Blutspuren. Aber vielleicht habe ich mir das nur eingebildet. Ich ging zur Tür und klingelte so, wie wir das Klingelzeichen vereinbart hatten. Sie wurde von Männern mit Revolvern in der Hand geöffnet.

Seitdem ist ein Jahr vergangen. Aber ich schreibe Dir deshalb, um Dich wissen zu lassen, dass ich es nie bereut habe, dass wir zusammen sind. Und ich denke nie daran, dass es anders hätte sein können. Allerdings denke ich oft über die Zukunft nach. Über das Leben, das wir leben werden, wenn … Über die Gedichte, die ich schreiben werde, die Bücher, die wir lesen werden, die Gegenstände, die uns begleiten werden. Ich weiß, das ist dummes Zeug, aber ich denke darüber nach. Ich habe sogar eine Idee für unser Exlibris. Es wird eine Rose sein, geworfen über einen geschlossenen dicken Wälzer mit großen mittelalterlichen Beschlägen.

IX

Und nun sind wir wieder zurückgekehrt. Ich bin den alten Weg zu meinem Block gegangen, habe die an Krätze Erkrankten mit Minztee eingerieben, und heute Morgen haben wir gemeinsam den Boden gewischt. Dann stand ich mit einer klugen Miene neben dem Arzt, der eine Punktion durchführte. Und dann nahm ich die letzten beiden Prontosil-Spritzen mit, und die schicke ich nun Dir. Schließlich hatte unser Blockfriseur (im zivilen Leben Restaurateur in der Nähe der Post in Krakau), Heniek Liberfreund, entschieden, dass ich nun ganz sicher der beste Krankenpfleger unter den Literaten sei.

Außerdem laufe ich schon den ganzen Tag hinter dem Brief her, den ich an Dich geschrieben habe. Ein Brief an Dich – das sind die Papierblätter, aber damit sie dort ankommen, wo sie hinsollen, brauche ich Beine. Und ich versuche nun, diese Beine zu besorgen. Schließlich habe ich ein Paar gefunden – in hohen, roten Schnürschuhen. Die Beine haben außerdem schwarze Brillen, sind stämmig und gehen jeden Tag zum FKL, um Kinderleichen männlichen Geschlechts abzuholen. Denn diese müssen von unserer »Schreibstube« angenommen werden, von unserer Leichenhalle, und unser SDG* muss sie eigenhändig untersuchen und besichtigen. Auf Ordnung beruht die Welt, oder weniger poetisch – »Ordnung muss sein«**.

Und so gehen die Beine zum FKL und sind überhaupt nett zu mir. Sie sagen, dass sie selbst eine Frau im Weiberlager haben und wissen, wie schwer das ist. Deshalb nehmen sie den Brief mit, einfach so aus Vergnügen. Und mich auch, wenn sich die Gelegenheit ergeben sollte. Den Brief schicke ich also sofort ab und werde mich bemühen, zu Dir zu kommen. Ich bin sogar in Reiselaune. Meine Freunde raten mir, die Tagesdecke mitzunehmen und – sie dort unterzubringen, wo sie hingehört. Bei meinem Glück und in Bezug auf meine Lagertüchtigkeit, folgern sie zu Recht, muss ich bei meinem ersten Ausflug auffliegen. Es sei denn, ich werde mit Betreuung hingehen. Ich rate ihnen, sich mit einem peruanischen Balsam gegen Krätze einzureiben.

Und ich schaue mich immer noch in der Landschaft um. Nichts hat sich geändert, nur der Schlamm hat seltsamerweise zugenommen. Es riecht nach Frühling. Die Menschen werden im Schlamm ertrinken. Aus dem Wald zieht mal der Geruch von Kiefern auf, mal der von Rauch. Mal fahren Fahrzeuge mit

---

* Im Original auf Deutsch, SS-Sanitätsdienstgrad.
** Im Original auf Deutsch.

Klamotten und mal mit »Muslimen«* aus Buna vorbei. Mal das Mittagessen für »efekty«*, das »Effektenlager«, mal SS-Männer für die Wachablösung.

Nichts hat sich geändert. Da gestern Sonntag war, waren wir alle im Lager zur Läusekontrolle. Schrecklich sind die Lagerblocks im Winter! Schmutzige Pritschen, ausgefegte Tenne und ein gealterter menschlicher Geruch. Die Blocks sind mit Menschen vollgepackt, aber es gibt keine einzige Laus. Nicht umsonst dauern die Entlausungen nächtelang an.

Wir waren nach der Kontrolle schon aus den Blocks herausgekommen, als das Sonderkommando vom »Kremo« ins Lager zurückkehrte. Sie stanken nach Rauch, waren vom fettigen Essen aufgedunsen und gingen unter der Last der Bündel in die Knie. Sie dürfen alles mitnehmen, außer Gold, aber gerade das Gold ist das, was sie am meisten und häufigsten schmuggeln.

Grüppchen von Menschen stürzten von den Blocks her los, fielen zwischen die marschierenden Reihen ein und schnappten sich die zuvor erspähten Pakete. Schreie, Flüche und Hiebe schwirrten durch die Luft. Schließlich verschwand das »Sonder« durch das Tor seines vom Rest des Lagers mit einer Mauer getrennten Hofes. Sofort begannen die Juden jedoch, sich heimlich hinauszuschleichen, um Geschäfte zu treiben, Treffen zu organisieren und Besuche zu erstatten.

Ich habe einen von ihnen angequatscht, einen alten Freund aus unserem früheren Kommando. Ich wurde krank und ging in den KB**. Er hatte mehr »Glück« und ging zum »Sonder«. Immer

---

*   Poln. für Effekte, im Auschwitz-Jargon Bezeichnung für das Lager für
        die den Häftlingen abgenommenen Sachen (Kleidung, Gepäck, Schmuck
        usw.), auch Kanada genannt, s. Glossar.
**   Im Original auf Deutsch, Krankenbau, Krankenhaus.

noch besser, als mit einer Schaufel zu schuften, und das für nur eine Schüssel Suppe am Tag. Er reichte mir herzlich die Hand.

– Ach, bist du das wirklich? Was brauchst du denn? Wenn du Äpfel haben solltest ...

– Nein, ich habe keine Äpfel für dich – antwortete ich, freundschaftlich gesinnt. – Bist du noch nicht gestorben, Abramek? Wie geht es dir? Was gibt's Neues?

– Ach nichts Interessantes. Tschechinnen haben wir heute vergast.

– Das weiß ich auch ohne dich. Und persönlich?

– Persönlich? Was soll es bei mir »persönlich« geben? Der Schornstein, der Block und wieder der Schornstein? Oder habe ich hier jemanden, der mir nahesteht? Oh, du willst es erfahren – persönlich: Wir haben uns eine neue Methode der Verbrennung im Schornstein einfallen lassen. Und weißt du, was für eine?

Ich war sehr freundlich neugierig.

– Also so eine, bei der wir vier Kinder mit Haaren nehmen, ihre Köpfe auf einem Haufen aneinanderlegen und die Haare in Brand stecken. Dann brennt das Ganze von allein und schon ist alles »gemacht«*.

– »Glückwunsch«** – sagte ich trocken, ohne Begeisterung. Er lachte befremdlich los und sah mir in die Augen:

– Du da, Krankenpfleger, bei uns in Auschwitz müssen wir spielen, wie es uns möglich ist. Wie könnten wir es sonst aushalten?

---

*   Im Original auf Deutsch.
**   Im Original auf Deutsch: »winszuję« bedeutet im Poln. »ich wünsche viel Glück«. In poln. Phonetik und Konjugation: wünschen – winszować.

Und er steckte die Hände in die Taschen und ging, ohne sich zu verabschieden. Aber das ist Unwahrheit und eine Groteske, wie das ganze Lager, wie die ganze Welt.

Leute,
die liefen

Zuerst bauten wir einen Fußballplatz auf einem leeren Feld hinter den Krankenhausbaracken. Das Feld hatte eine »gute« Lage – links das Zigeunerlager mit seinen herumlungernden Kindern, den auf den Toiletten herumsitzenden Frauen und den schönen, bis zum letzten Nähfaden aufgetakelten Krankenpflegerinnen, hinten der Draht, hinter ihm die Rampe mit den breiten Bahngleisen, stets mit Waggons vollgestopft, und hinter der Rampe das Frauenlager. Eigentlich gar kein Frauenlager. So sprach man nicht von ihm. Es hieß FKL – und das war ausreichend. Auf der rechten Seite des Feldes befanden sich die Krematorien, eines hinter der Rampe neben dem FKL, das andere etwas näher, direkt am Draht. Solide Gebäude, fest und tief im Boden eingelassen. Hinter den Krematorien gab es einen kleinen Wald, durch den man zum weißen Haus gelangen konnte.

Wir bauten den Fußballplatz im Frühjahr, und noch vor seiner Fertigstellung begannen wir, Blumen unter die Fenster zu säen und mit Ziegelbruch rote Verzierungen um die Blocks herum zu legen. Wir säten Spinat und Kopfsalat, Sonnenblumen und Knoblauch. Wir legten Rasenflächen aus der in der Nähe des Fußballplatzes ausgeschnittenen Grasnarbe an. Und das Ganze wurde täglich mit Wasser gegossen, das man uns in Fässern aus dem Waschraum des Lagers brachte.

Als die gegossenen Blumen herangewachsen waren, beendeten wir den Bau des Fußballplatzes.

Jetzt wuchsen die Blumen von selbst, die Kranken lagen von selbst in ihren Betten, während wir Fußball spielten. Jeden Tag, nachdem die Abendration verteilt worden war, kam jeder, der wollte, auf den Fußballplatz und kickte. Andere gingen stattdessen zu den Drähten und sprachen entlang der Rampe mit dem FKL.

Einmal stand ich im Tor. Es war Sonntag, und eine große Menschenmenge von Krankenpflegern und schon so gut wie geheilten Patienten umstellte den Fußballplatz, jemand lief auf ihm hinter jemandem und sicher auch hinter dem Ball her. Ich stand im Tor – mit dem Rücken zur Rampe. Der Ball ging ins Aus und rollte bis zu den Drähten. Ich lief sofort hinter ihm her. Als ich ihn vom Boden aufhob, warf ich einen Blick auf die Rampe.

Ein Zug war gerade an der Rampe angekommen. Leute stiegen jetzt aus den Güterwaggons aus, und sie marschierten in Richtung Wald. Aus der Ferne waren nur Flecken von Kleidern zu sehen. Offensichtlich trugen die Frauen bereits Sommersachen, vermutlich zum ersten Mal in dieser Jahreszeit. Die Männer hatten ihre Sakkos ausgezogen und leuchteten in ihren weißen Hemden. Der Umzug bewegte sich langsam, wobei sich ihm immer wieder neue Personen aus den Waggons anschlossen. Schließlich kam er zum Stehen. Die Leute setzten sich ins Gras und blickten in unsere Richtung. Ich ging mit dem Ball zurück und schoss ihn ins Spielfeld. Er ging von Fuß zu Fuß und kam in einem Bogen zurück aufs Tor. Ich ballerte ihn vom Tor weg – Eckball. Er rollte ins Gras. Ich lief wieder los, um ihn zu holen. Und als ich ihn vom Boden aufhob, erstarrte ich: Die Rampe war leer. Keine einzige Person aus der bunten sommerlichen Menschenschar war auf ihr geblieben. Die Waggons waren ebenfalls weggefahren, die FKL-Blocks deutlich sichtbar. Vor den Drähten standen die Krankenpfleger wieder und riefen den Mädchen Grüße zu, die von der anderen Seite der Rampe zurückriefen.

Ich kam mit dem Ball zurück und gab ihn zur Ecke frei. Zwischen der ersten und der zweiten Ecke wurden hinter meinem Rücken dreitausend Menschen vergast.

Dann begannen die Leute, zwei Wege in den Wald zu benutzen: den Weg direkt von der Rampe aus und den anderen, von der anderen Seite unseres Krankenhauses. Beide führten zum Krematorium, aber einige hatten das Glück, weitergehen zu dürfen, bis zur »zauna«, die für sie nicht nur Badeanstalt und Entlausung, Friseure und neue, mit Ölfarben gefärbte Lumpen bedeutete, sondern auch Leben. Natürlich ein Leben im Lager, aber – ein Leben.

Wenn ich morgens aufstand, um den Boden zu wischen, liefen die Leute – auf diesem und auf dem anderen Weg. Frauen, Männer und Kinder. Und sie trugen alle Bündel.

Wenn ich mich zum Mittagessen hinsetzte – einem besseren als das, das ich zu Hause zu essen pflegte –, liefen die Leute – auf diesem und auf dem anderen Weg. In unserem Block schien kräftig die Sonne, wir öffneten alle Türen und Fenster sperrangelweit und besprenkelten den Fußboden, um den Staub fernzuhalten. Am Nachmittag holte ich Pakete aus dem Lagerhaus ab, die am Morgen noch von der Hauptpost des Lagers geliefert worden waren. Der »Schreiber« trug die Briefe aus. Die Ärzte legten Verbände an und verpassten Spritzen und führten Punktionen durch. Sie hatten übrigens nur eine einzige Spritze für den ganzen Block. An warmen Abenden saß ich in der Tür des Blocks und las »Mon frère Yves« von Pierre Loti – und die Leute liefen und liefen – auf diesem und auf dem anderen Weg.

Ich ging nachts nach draußen vor den Block – in der Dunkelheit leuchteten die Lampen über den Drähten. Die Straße lag in der Dämmerung, aber ich konnte deutlich das ferne Gewirr von Tausenden von Stimmen hören – die Menschen liefen und liefen. Ein Feuer stieg aus dem Wald auf und erleuchtete den Himmel, und mit dem Feuer erhob sich auch das Geschreie der Menschen.

Ich starrte in die Tiefe der Nacht, stumpfsinnig, sprachlos, regungslos. In meinem Inneren war mein ganzer Körper am Zittern und Toben, jedoch ohne mein Zutun. Ich hatte über ihn keine Kontrolle mehr, obwohl ich jedes Zucken spüren konnte. Ich war ganz ruhig, aber mein Körper rebellierte.

Kurz danach ging ich vom Krankenhaus ins Lager. Die Tage waren voller großer Ereignisse. An der französischen Küste landeten die alliierten Truppen. Die russische Front war nun dabei, sich gewaltig in Bewegung zu setzen und bis nach Warschau vorzustoßen.

Doch bei uns warteten am Bahnhof, und zwar tags und nachts, Reihen von Zügen voller Menschen. Man öffnete ihnen die Waggontüren und die Leute begannen zu laufen – auf diesem und auf dem anderen Weg.

Neben unserem Arbeitslager befand sich auch der unbewohnte und unvollendete Abschnitt C. Nur die Baracken und die Elektrozäune standen schon bereit. Aber es gab keine Teerpappe auf den Dächern, und einige Blocks besaßen keine Pritschen. Die Pferdeställe des Lagers Birkenau konnten mit ihren dreistöckigen Pritschen bis zu fünfhundert Menschen unterbringen. In Abschnitt C wurden in diese Blocks mehr als tausend junge Mädchen hineingezwängt, die aus den Menschen ausgewählt wurden, die zu Fuß liefen. Achtundzwanzig Blocks – über dreißigtausend Frauen. Diese Frauen wurden bis auf die Haut geschoren und in ärmellose Sommerkleider gesteckt. Sie bekamen aber keine Unterwäsche. Keinen Löffel, keine Schüssel, keinen Waschlappen, nichts zum Trocknen. Birkenau lag in einem Sumpfgebiet am Fuß der Berge. Tagsüber konnte man es in der klaren Luft überdeutlich sehen. Frühmorgens war es im Nebel versunken und schien mit Raureif bedeckt zu sein, denn jeder Morgen war hier ungewöhnlich kalt und nebelfeucht. Diese Morgenstunden erfrischten uns vor der kommenden Tages-hitze, aber die Frauen, die seit fünf Uhr morgens zwanzig Meter weiter rechts Appell standen, waren von der Kälte blau angelaufen und drängten sich zusammen wie ein Schwarm Rebhühner.

Wir nannten dieses Lager den »Persischen Markt«. Tagsüber verließen heiter gestimmte Frauen ihre Blocks und ballten sich auf dem breiten Weg zwischen den Blocks zusammen. Die farbenfrohen Sommerkleider und die bunten Tücher, mit denen ihre kahlen Köpfe bedeckt waren, erweckten schon von Weitem den Eindruck eines grellen, geschäftigen und lauten Marktes. Wegen seiner Exotik – persisch.

Aus der Ferne betrachtet, waren weder ihre Gesichter noch ihr Alter zu erkennen. Nur weiße Flecken und pastellfarbene Figuren.

Der »Persische Markt« war kein fertiggestelltes Lager. Das Wagner-Kommando baute hier einen Steinweg, der von einer riesigen Walze festgestampft werden musste. Andere machten sich an der Kanalisation und dem Waschraum zu schaffen, die man in allen Abschnitten von Birkenau komplett neu einrichtete. Und andere wiederum legten den Grundstock zum Wohlergehen eines Abschnitts: Sie lieferten Bett- und Wolldecken sowie Blechwaren und lagerten sie sorgfältig im Lagerraum ein, wo sie dem Chef, einem geschäftsführenden SS-Mann, zur Verfügung standen. Natürlich, einige dieser Dinge brachte man sofort ins Lager, wo sie dann von den dort arbeitenden Menschen gestohlen wurden. Schließlich war der ganze Nutzen von all den Bett- und Wolldecken sowie dem vielen Geschirr der, dass man sie stehlen konnte.

Alle Dächer über den »Buden« der Blockältesten auf dem gesamten »Persischen Markt« wurden von mir und meinen Kameraden gedeckt. Man tat es nicht auf Befehl oder aus Mitleid. Denn wir deckten sie mit »organisierter« Dachpappe und klebten sie mit »organisiertem« Teer. Wir taten es auch nicht aus Solidarität mit den alten Nummern, den Krankenpflegerinnen aus dem FKL, die hier alle Aufgaben übernommen hatten. Jede Rolle Dachpappe, jeden Eimer Teer mussten die weiblichen Blockältesten selbst bezahlen. Beim Kapo, dem »Kommandoführer«*, bei Prominenten aus dem Kommando. Bezahlen, aber auf verschiedene Art und Weise: mit Gold, Lebensmitteln, Frauen aus dem Block, mit sich selbst. Wie es manche von ihnen auch tatsächlich taten.

Genauso wie wir Dächer flickten, die Elektriker Lampen anbrachten, Schreiner »Buden« und Budeneinrichtungen aus extra »organisiertem« Holz bauten und die Maurer gestohlene Eisenöfen zum Heizen mitbrachten und mauerten, wo es nur nötig war.

Dann lernte ich das Antlitz dieses seltsamen Lagers kennen. Frühmorgens kamen wir an das Tor und schoben einen Karren mit Dachpappe und Teer vor uns her. Am Tor standen »wachmanki«**, breithüftige Blondinen in Stiefeln mit hohen Schäften. Die Blondinen durchsuchten uns und ließen uns ein. Später gingen sie auch, um in den Blocks Inspektion zu machen. Viele von ihnen hatten einen Liebhaber unter den Maurern und Schreinern. Sie gaben sich ihnen in den noch nicht fertiggestellten Waschräumen oder in den »Buden« der Blockältesten hin.

---

*   Im Original auf Deutsch.
**   Poln. für Wächterinnen.

Dann fuhren wir tief ins Innere des Lagers zwischen irgendwelche Blocks, und dort auf einem Platz machten wir Feuer und kochten Teer. Eine Menge Frauen belagerte uns sofort. Sie flehten uns um ein Taschenmesser an, ein Taschentuch, einen Teelöffel, einen Bleistift, ein Stück Papier, einen Schnürsenkel, Brot.

– Ihr seid schließlich Männer und könnt alles tun – sagten sie. – Ihr lebt schon so lange in diesem Lager und seid noch nicht gestorben. Ihr habt doch sicher alles, was ihr braucht. Warum wollt ihr es nicht mit uns teilen?

Wir schenkten ihnen alle Kleinigkeiten, die wir mit uns hatten, und mussten unsere Taschen umstülpen – zum Zeichen, dass wir nichts mehr hatten. Wir zogen unsere Hemden für sie aus. Aber schließlich fingen wir an, mit leeren Taschen hierherzukommen, und gaben ihnen nichts mehr.

Diese Frauen waren jedoch nicht alle gleich, wie es uns aus der Perspektive des zweiten Abschnitts erscheinen mochte, denn von hier aus brauchte man bloß zwanzig Meter nach links zu gehen.

Unter ihnen waren auch kleine Mädchen mit Haaren, die nicht abrasiert waren; verwirrte kleine Cherubim auf einem Gemälde des Jüngsten Gerichts. Es waren junge Mädchen hier, die mit Erstaunen auf die Frauenschar neben uns und mit Verachtung auf uns raue, brutale Männer blickten. Es waren verheiratete Frauen da, die uns verzweifelt um Nachrichten über ihre vermissten Ehemänner baten, es waren Mütter da, die bei uns nach einer Spur ihrer Kinder suchten.

– Uns geht es so schlecht, uns ist es kalt, wir haben Hunger – weinten sie – geht es ihnen wenigstens etwas besser?

– Sie sind sicherlich besser dran, sollte es einen gerechten Gott geben – antworteten wir voller Ernst, ohne den üblichen Spott und Hohn.

– Aber sie können doch nicht gestorben sein? – fragten die Frauen und sahen uns bekümmert in die Augen.

Wir gingen nun schweigend davon, wir beeilten uns, zu unserer Arbeit zurückzukommen. Die weiblichen Blockältesten auf dem »Persischen Markt« waren Slowakinnen, die sich in der Sprache dieser Frauen verständigen konnten. Die Mädels hatten schon einige Jahre Lager hinter sich. Sie erinnerten sich gut an die Anfänge des FKL, als vor allen Blocks Leichen von Frauen lagen und in den Krankenhausbetten verwesten, ohne dass sie hinausgetragen wurden, und als sich der menschliche Kot in den Blocks zu gewaltigen Haufen auftürmte.

Trotz ihrer äußeren Rauheit bewahrten sie sich eine weibliche Sanftmut und – Güte. Sicher, sie hatten ihre Liebhaber, und wie alle anderen stahlen sie Margarine und Konserven, um die gelieferten Wolldecken oder die Kleidchen aus dem »Effektenlager« zu bezahlen, aber …

… aber ich erinnere mich an Mirka, ein beleibtes nettes Mädchen in Rosa. Ihre »Bude« war ebenfalls rosa eingerichtet und das Fenster mit Blick auf den Block hatte rosa Vorhänge. Die Luft in ihrer »Bude« setzte sich mit einer rosa Spiegelung auf ihrem Gesicht ab, und das Mädchen schien in einen zarten Schleier gehüllt zu sein. Ein Jude aus unserem Kommando, der verfaulte Zähne hatte, war in sie verknallt. Der Jude kaufte für sie frische Eier, die er im ganzen Lager »organisierte«, und warf sie, weich eingepackt, durch die Drähte. Er verbrachte lange Stunden mit ihr und achtete weder auf die Kontrollen der SS-Frauen noch auf unseren Chef, der mit einem großen, an seiner weißen Sommeruniform festgeschnallten Revolver herumlief. Wir nannten den Chef zu Recht »Zappelphilipp«*, denn er tauchte stets un-

---

*   Im Original Filipek.

erwartet auf, wie aus dem Erdboden gewachsen, wo man ihn nicht gesät hatte.

Eines Tages kam Mirka angerannt, unters Dach, auf dem wir gerade die Dachpappe verlegten. Sie winkte dem Juden und rief mir etwas zu:

– Kommen Sie runter! Vielleicht können Sie auch helfen!

Wir rutschten vorsichtig vom Dach des Blocks hinunter. Sie griff nach unseren Händen und zog uns zu sich heran, führte uns zwischen den Etagenpritschen hindurch, und als sie auf ein schmutziges Nest und auf ein Kind inmitten voller bunter Bettdecken zeigte, sagte sie affektiert:

– Seht doch, es kann nur bald sterben! Sagt mir, was soll ich tun? Warum ist es so plötzlich krank geworden?

Das Kind schlief sehr unruhig. Es glich einer Rose in goldener Umrandung: glühend rote Wangen und das Haar wie ein goldener Heiligenschein.

– Was für ein hübsches Kind – flüsterte ich leise.

– Ein hübsches! – rief Mirka – Sie wissen doch, dass es hübsch ist! Aber es kann sterben! Ich muss es verstecken, damit es nicht ins Gas geht. Die SS-Frau kann es finden. Helft mir!

Der Jude legte seine Hand auf ihre Schulter. Plötzlich schüttelte sie sich heftig und begann zu schluchzen. Ich zuckte bloß mit den Schultern und verließ den Block.

In der Ferne konnte man Waggons sehen, die die Rampe entlangfuhren. Sie brachten neue Leute, die wieder zu Fuß laufen würden. Auf dem Weg zwischen den Abschnitten kehrte eine »Kanada«-Gruppe zu den Waggons zurück und überholte eine andere, die zu ihrer Schicht ging. Rauch stieg aus dem Wald auf. Ich setzte mich neben den kochenden Kessel, rührte den Teer um und dachte lange nach. Irgendwann ertappte ich mich bei dem Gedanken, dass ich auch gerne so ein Kind mit im Schlaf erröteten Wangen und zerzausten Haaren hätte. Ich musste über den albernen Gedanken lachen und kletterte aufs Dach, um die Pappe festzunageln.

Ich erinnere mich auch an die zweite Blockälteste, eine große rothaarige Göre mit breiten Füßen und roten Händen. Sie besaß keine »Bude«, nur ein paar Decken, die auf einem Bett ausgebreitet waren, und ein paar, die an Schnüren hingen – anstatt einer Wand.

– Sie sollen nicht denken – sagte sie und deutete auf die Frauen, die Kopf an Kopf in den Pritschen lagen –, dass man vor ihnen davonläuft. Ich kann ihnen nichts geben, aber ich werde ihnen auch nichts wegnehmen.

– Glaubst du an ein Leben nach dem Tod? – fragte sie mich während eines kurzen belustigenden Gesprächs.

– Manchmal – antwortete ich zurückhaltend. – Einmal habe ich im Gefängnis daran geglaubt, und einmal, als ich im Lager dem Tod nahe war.

– Und wenn ein Mensch Böses getan hat, dann wird er bestraft, oder?

– Ich denke schon, sofern es keine höheren Normen der Gerechtigkeit als die menschliche gibt. Du verstehst schon – die Offenlegung der Triebfedern, die inneren Beweggründe, die Ungültigkeit der Schuld angesichts des zwingenden Sinns der Welt. Kann ein auf einer Geraden begangenes Verbrechen im dreidimensionalen Raum bestraft werden?

– Aber so auf die menschliche Art, normal halt! – rief sie aus.

– Es sollte bestraft werden, klar.

– Und du würdest das Richtige tun, wenn du könntest?

– Ich möchte keinen Preis gewinnen, ich decke lediglich die Dächer und will das Lager überleben.

– Und glaubst du – sie nickte in eine unbestimmte Richtung – dass sie bestraft werden müssen?

– Ich glaube, dass den Menschen, die ungerecht leiden, die Gerechtigkeit allein nicht reichen wird. Sie wollen, dass auch die Schuldigen ungerecht leiden. Und dies werden sie als Gerechtigkeit empfinden.

– Du bist ein kluger Kerl! Aber du weißt trotzdem nicht, wie du die Suppe gerecht auf Teller verteilen sollst, um deiner Geliebten kein Unrecht anzutun! – sagte sie ironisch und betrat den Innenraum des Blocks. Die Frauen lagen hochgestapelt in den Etagenpritschen, Kopf an Kopf. In den regungslosen Gesichtern leuchteten große Augen. Im Lager begann sich bereits der Hunger bemerkbar zu machen. Die rothaarige Blockälteste streifte zwischen den Pritschen herum und quatschte die Frauen an, um sie vom Nachdenken abzulenken. Sie holte Sängerinnen aus den Pritschen und ließ sie singen. Tänzerinnen und ließ sie tanzen. Rezitatorinnen und ließ sie Gedichte sprechen.

– Ständig, ständig fragen sie mich, wo ihre Mütter, ihre Väter sind. Sie bitten mich, ihnen zu schreiben.

– Das bitten sie mich auch. Schade nun.

– Dich! Du kommst und gehst, und ich? Ich bitte sie, ich flehe sie an, ist eine schwanger, soll sie sich nicht beim Arzt melden, ist eine krank, soll sie im Block sitzen bleiben! Denkst du, dass sie mir glauben? Schließlich kümmere ich mich nur um ihr Wohlergehen. Aber wie kann man ihnen helfen, wenn sie selbst dafür sorgen, dass sie ins Gas kommen?

Irgendein Mädchen sang auf dem Ofen einen angesagten Schlager. Als sie fertig war, begannen die Frauen in den Pritschen zu klatschen. Das Mädchen lächelte und verbeugte sich mehrmals. Die Rothaarige fasste sich an den Kopf.

– Ich kann es nicht mehr ertragen! Das ist doch eklig – zischte sie und sprang auf den Ofen. – Runter mit dir! – rief sie dem

Mädchen zu. Es wurde still im Block. Die Blockälteste hob die Hand.

– Ruhig! – rief sie, obwohl niemand ein Wort sagte. – Ihr habt mich gefragt, wo eure Eltern und eure Kinder sind. Ich habe es euch nicht gesagt, weil ihr mir leidtut. Das sage ich euch jetzt, damit ihr Bescheid wisst, denn sie werden das Gleiche mit euch machen, wenn ihr krank werdet! Eure Kinder, Ehemänner und Eltern sind keineswegs in einem anderen Lager. Sie wurden in einem Keller eingepfercht und mit Gas erstickt! Versteht ihr, mit Gas! Wie Millionen andere, wie meine Eltern auch! Sie werden auf den Scheiterhaufen und in den Krematorien verbrannt. Der Rauch, den ihr über den Dächern seht, kommt gar nicht von den Ziegeleien, wie man euch erzählt. Sondern von euren Kindern! Und jetzt sing weiter – sagte sie ruhig zu der verängstigten Sängerin, sprang vom Ofen herunter und verließ den Block.

Es ist allgemein bekannt, dass Auschwitz* und Birkenau sich vom Schlechten zum Guten entwickelt haben. Erst schlugen sie und töteten sie in den Kommandos pausenlos, dann nur noch sporadisch. Erst schliefen die Menschen seitlich auf dem Boden und drehten sich auf Befehl um, dann schliefen sie in Etagenpritschen, wie es jedem beliebte, und sogar einzeln in den Betten. Erst standen die Leute zwei Tage lang Appell, dann nur noch bis zum zweiten Glockenschlag, bis neun Uhr. In den ersten Jahren durfte man keine Pakete aufgeben, später waren fünfhundert Gramm erlaubt, und schließlich so viel, wie man wollte. Taschen waren nicht erlaubt, später erlaubte man sogar Zivilkleidung auf dem Birkenau-Gelände. Die Dinge im Lager wurden also »immer besser«. Nach drei oder vier Jahren glaubte niemand mehr, dass es wieder so werden könnte wie früher, und

---

*   Im Original auf Polnisch: Oświęcim.

war stolz darauf, überlebt zu haben. Je schlechter es an der Front für die Deutschen lief, desto besser wurde es im Lager. Und da es ihnen immer schlechter ergehen würde …

Auf dem »Persischen Markt« aber lief die Zeit rückwärts. Wir blickten hier noch einmal auf das Auschwitz aus dem Jahre 1940. Die Frauen schlürften begehrlich die Suppe, die in unseren Blocks keiner aß. Alle stanken sie nach Schweiß und Frauenblut. Seit fünf Uhr morgens standen sie Appell. Bis sie alle gezählt worden waren, war es fast neun Uhr. Dann bekamen sie kalten Kaffee. Um drei Uhr nachmittags begannen sie den Abendappell und bekamen das Abendessen: Brot und Brotbeilage. Da sie nicht arbeiteten, hatten sie keinen Anspruch auf eine »culaga«* – eine Arbeitszulage.

Manchmal wurden sie tagsüber aus den Blocks hinausgejagt und zum Überstundenappell verdonnert. Sie stellten sich dicht zusammen und verließen den Block in Fünferreihen, eine nach der anderen. Dralle Blondinen, SS-Frauen in ihren Schaftstiefeln, zogen die dünneren, hässlicheren oder dickbäuchigen unter ihnen aus den Reihen und warfen sie in die Mitte des »Auges«. Das »Auge« – das waren die »Stubendienste«, die sich an den Händen hielten. Sie bildeten einen geschlossenen Kreis. Gefüllt mit Frauen, bewegte sich das »Auge« wie ein makabrer Tanz auf das Lagertor zu und verschwand in dem allgemeinen »Auge«. Fünfhundert, sechshundert, tausend ausgewählte Frauen. Sie liefen alle – auf diesem Weg.

Gelegentlich betrat eine SS-Frau den Block. Sie sah sich bei den Pritschen um, eine Frau, die Frauen anschaute. Sie fragte, wer zum Arzt gehen wolle, wer schwanger sei. Im Krankenhaus würden sie Milch und Weißbrot kriegen.

---

*   S. Glossar.

Die Frauen stiegen von den Pritschen und gingen, vom »Auge« umgarnt, zum Tor – ebenfalls auf diesem Weg.

Freizeit – man tat irgendetwas, um sich den Tag zu vertreiben, denn das Baumaterial war knapp – verbrachte man auf dem »Persischen Markt« bei den Blockältesten, vor den Blocks oder auf der Toilette … Bei den Blockältesten tranken wir Tee oder legten uns für ein Stündchen in ihrer »Bude« ins Bett, das uns Gästen freundlich zur Verfügung gestellt wurde. Vor den Blocks redete man mit Zimmerleuten und Maurern. Frauen, bereits mit Pullovern und Strümpfen ausgestattet, trieben sich in ihrer Nähe herum. Besorg dir irgendein Kleidungsstück, und schon kannst du mit ihnen machen, was du willst. Seit den Anfängen im Lager – so ein »Kanada«, um Frauen aufzureißen, gab es noch nie!

Die Toiletten werden von Männern und Frauen gemeinsam benutzt. Nur dass sie durch ein Brett getrennt sind. Auf der Frauenseite ist es überfüllt und schrill, auf unserer ruhig und angenehm kühl durch die Betonanlagen. Man sitzt hier stundenlang und führt lange Liebesgespräche mit Katia, der kleinen, hübschen Putzfrau von der Toilette. Niemand wird in Verlegenheit gebracht und durch die Situation gestört. Man hat schon so viel im Lager gesehen …

So verstrich uns der Juni. Tage- und nächtelang liefen die Leute – auf diesem und auf dem anderen Weg. Vom Morgengrauen bis spät in die Nacht stand der gesamte »Persische Markt« Appell. Die Tage waren hell und der Teer schmolz auf den Dächern. Dann begann die Regenzeit und ein heftiger Wind wehte. Die Morgenstunden waren durchdringend kalt. Dann kehrte gutes Wetter zurück. Die Waggons fuhren unaufhörlich an die Rampe heran und – die Leute liefen weiter. Oft standen wir morgens da und konnten nicht zur Arbeit gehen, weil die

Wege von den neu Angekommenen blockiert waren. Sie liefen langsam in lockeren Gruppen und hielten sich an den Händen. Frauen, alte Menschen, Kinder. Sie liefen hinter den Drähten und drehten uns schweigende Gesichter zu. Sie sahen uns voller Mitleid an und warfen uns Brot durch die Drähte.

Frauen nahmen ihre Armbanduhren von der Hand und warfen sie uns vor die Füße, wobei sie uns mit Gesten zu verstehen gaben, dass wir sie mitnehmen könnten.

Ein Orchester am Tor spielte Foxtrotts und Tangos. Und das Lager schaute zu, während sie liefen. Der Mensch besitzt eine bescheidene Skala von Reaktionen auf große Gefühle und heftige Leidenschaften. Er bringt sie genauso zum Ausdruck wie kleine gewöhnliche Krümel. Dann verwendet er die immer gleichen einfachen Worte.

– Wie viele sind schon bereits vorbeigelaufen? Seit Mitte Mai fast zwei Monate, nimm zwanzigtausend pro Tag … Rund eine Million!

– Es wurden nicht jeden Tag so viele Menschen vergast. Doch wie auch immer, verdammt, weiß der Teufel, vier Schornsteine und ein paar Gruben.

– Dann rechne mal ganz anders: aus Kaschau und Mukatschewo fast sechshunderttausend, was soll ich sagen, sie brachten alle hierher, und aus Budapest? Dreihunderttausend?

– Ist das denn nicht egal?

– Ja, aber ich denke, es wird doch bald vorbei sein? Sonst schlachten sie alle ab.

– Die werden ihnen schon nicht ausgehen.

Man zuckt bloß mit den Schultern und blickt auf den Weg. SS-Männer ziehen langsam hinter einer Menschenschar her und ermuntern die Leute gutmütig lächelnd zum Weiterlaufen. Sie deuten an, dass es nicht mehr so weit sei, und klopfen einem alten Mann auf die Schulter, der plötzlich zu einem Graben rennt, eilig die Hose herunterlässt und sich hinhockt.

Ein SS-Mann zeigt auf die sich entfernende Schar. Der alte Mann nickt, zieht seine Hose hoch und rennt lächerlich tänzelnd hinter ihr her.

Man lächelt amüsiert, wenn man einen Menschen sieht, der es so eilig hat, in die Gaskammer zu kommen.

Dann gingen wir zum »Effektenlager«, um die tröpfelnden Dächer neu zu verschmieren. Hier türmten sich Berge von Lumpen und Bündeln, die noch nicht wie eine Weihnachtsgans »ausgenommenen« waren. Die den Menschen, die liefen, weggenommenen Schätze lagen obenauf und waren weder vor der Sonne noch vorm Regen geschützt.

Wir machten Feuer unter dem Teer und begannen dann, ein paar Sachen zu »organisieren«. Einer brachte einen Eimer Wasser, ein anderer einen Beutel getrockneter Kirschen oder Pflaumen, ein weiterer Zucker. Wir kochten Kompott und trugen es auf das Dach für diejenigen zum Trinken, die so taten, als würden sie ihre Arbeit erledigen. Andere brieten Speck mit Zwiebeln und knabberten am Maisbrot.

Wir klauten alles, was wir mitnehmen konnten, und brachten es ins Lager.

Von den Dächern aus sah man sehr gut die brennenden Scheiterhaufen und die Krematorien bei der Arbeit. Die Menschenmenge ging hinein, entkleidete sich, und dann schlossen die SS-Männer schnell die Fenster und zogen die Schrauben fest an. Nach ein paar Minuten, die nicht einmal ausreichten, um ein Stück Dachpappe richtig zu schmieren, öffneten sie die Fenster und Türen an der Seite und lüfteten. Das Sonderkommando kam und schleppte die Leichen auf den Haufen. Und so ging es von morgens bis abends weiter – jeden Tag aufs Neue.

Manchmal, nachdem ein solcher Transport vergast worden war, kamen verspätete Fahrzeuge mit den Kranken und den Krankenschwestern an. Es lohnte sich nicht, die Kranken zu vergasen. Sie wurden nackt ausgezogen und entweder von »Oberscharführer«* Moll mit seiner »Flower« erschossen oder lebendig in einen brennenden Graben gestoßen.

Einmal kam in einem Auto eine junge Frau, die sich weigerte, ihre Mutter zu verlassen. Sie wurden beide in der Gaskammer entkleidet, die Mutter ging voraus. Der Mann, der die Tochter führen sollte, blieb stehen, beeindruckt von der Schönheit ihres Körpers, und kratzte sich voller Bewunderung am Kopf. Die Frau entspannte sich bei dieser so menschlichen wie ordinären Geste. Sie errötete und griff nach seiner Hand:

– Sag, was werden sie mit mir machen?

– Sei tapfer – antwortete der Mann, ohne zu versuchen, seine Hand zu befreien.

– Ich bin tapfer! Siehst du, ich schäme mich vor dir nicht! Sag es!

– Denk daran, sei tapfer, komm. Ich werde dich führen. Schau nur nicht hin.

Er nahm ihre Hand und führte sie weg, während er mit der anderen Hand ihre Augen bedeckte. Das Knistern und der Geruch von brennendem Fett und die Hitze von unten erschreckten sie. Sie zuckte heftig zurück. Aber er neigte sanft ihren Kopf und entblößte ihren Nacken. In diesem Moment feuerte der »Oberscharführer«, fast ohne zu zielen. Der Mann stieß die Frau in den brennenden Graben, und als sie fiel, hörte er ihren entsetzlichen, gebrochenen Schrei.

---

*   Im Original auf Deutsch.

Irgendwann füllte es sich mit Frauen, die man aus Leuten gewählt hatte, die liefen – »Persischer Markt«, das Zigeunerlager, das FKL –, jedenfalls eröffnete man gegenüber dem »Persischen Markt« das neue Lager, »Mexiko«. Es war genauso unbewirtschaftet und genauso wurden dort »Buden« für die Blockältesten mit Beleuchtung eingerichtet, Glasscheiben eingesetzt.

Die Tage glichen den Tagen. Die Leute stiegen aus den Waggons und liefen zu Fuß – auf diesem oder auf dem anderen Weg.

Die im Lager hatten ihre eigenen Sorgen: Sie warteten auf Pakete und Briefe aus der Heimat, »organisierten« Sachen für ihre Freunde und ihre Freundinnen, stichelten gegen andere Menschen. Auf Tage folgten Nächte, auf Dürre Regen.

Mit dem Ende des Sommers kamen keine Züge mehr. Immer weniger Menschen wurden in die Gaskammern und Krematorien geschickt. Die aus dem Lager fühlten erst einmal eine gewisse Leere. Später gewöhnten sie sich daran. Außerdem geschahen weitere wichtige Ereignisse: die russische Offensive, das aufständische und brennende Warschau, die Transporte aus dem Lager, die jeden Tag in den Westen gingen, ins Ungewisse, zu neuen Krankheiten und in den Tod, der Aufstand in den Krematorien und die Flucht des »Sonderkommandos«*, die mit der Erschießung der Flüchtigen endete.

Dann verlegte man die Leute von einem Lager in ein anderes, ohne Löffel, ohne Schüssel, ohne ein Tuch zum Waschen und Trocknen des Körpers.

Das menschliche Gedächtnis speichert nur Bilder. Und wenn ich heute an den letzten Sommer von Auschwitz** denke, sehe ich eine nicht enden wollende, farbenreiche Menschenmenge, die im Begriff ist, feierlich loszulaufen – auf diesem und auf dem

---

*   Im Original auf Deutsch.
**   Im Original auf Polnisch: Oświęcim.

anderen Weg, eine Frau, die mit gesenktem Kopf über einem brennenden Graben steht, ein rothaariges Mädchen, das mir vor dem Hintergrund des dunklen Innenraums des Blocks ungeduldig etwas zuruft:

– Wird man den Menschen bestrafen? Aber so auf die menschliche Art, normal halt!

Und noch immer sehe ich vor mir den Juden mit den verfaulten Zähnen, wie er jeden Abend an meine Pritsche kommt, den Kopf hebt und die unveränderte Frage stellt:

– Hast du heute ein Paket bekommen? Vielleicht verkaufst du ein paar Eier für Mirka? Ich zahle in Mark. Sie mag Eier so sehr.

Ein Tag
in Harmense

I

Der Schatten der Kastanienbäume ist grün und zart. Er schwankt über dem noch feuchten Boden, weil er frisch gegraben wurde, und erhebt sich über meinen Kopf mit einer seladonfarbenen Kuppel, die nach Morgentau duftet. Die Bäume bilden eine hohe Zeile entlang des Weges, und ihre Wipfel verschwimmen in den Farben des Himmels. Der berauschende Duft des Sumpfes zieht von den Teichen her auf. Das saftig grüne Gras, das wie Plüsch ist, glänzt silbern im Tau, doch der Boden dampft bereits in der Sonne. Es wird heiß werden.

Aber der Schatten der Kastanienbäume ist grün und zart. Von ihm bedeckt, sitze ich im Sand und ziehe die Verbindungen der Schmalspurbahn mit einem großen Franzosen nach. Der Schraubenschlüssel ist kalt und liegt gut in der Hand. Ab und zu schlage ich ihn gegen die Schienen. Der metallische raue Klang breitet sich in ganz Harmense aus und kehrt aus der Ferne mit einem verfremdeten Echo zurück. Auf ihre Schaufeln gestützt, stehen die Griechen neben mir. Aber diese Menschen aus Thessaloniki und von den Weinhängen Mazedoniens haben Angst vor dem Schatten. So stehen sie in der Sonne, haben ihre Hemden ausgezogen und sonnen sich mit ihren wahnsinnig mageren Schultern und Armen, die mit Krätze und Geschwüren übersät sind.

– Du bist aber heute fleißig am Arbeiten, Tadek! Guten Morgen! Und nicht hungrig?

– Guten Morgen, Frau Haneczka! Absolut nicht. Und außerdem schlage ich hart auf die Schienen, weil unser neuer Kapo … Tut mir leid, dass ich nicht von den Schienen aufstehe, aber Sie verstehen: Krieg, »Bewegung, Arbeit«* …

Frau Haneczka lächelt.

– Aber das verstehe ich natürlich. Ich hätte dich nicht erkannt, wenn ich nicht gewusst hätte, dass du es bist. Erinnerst du dich daran, wie du Kartoffeln in der Schale gegessen hast, die ich für dich von den Hühnern gestohlen habe?

– Ich habe sie gegessen! Aber, Frau Haneczka, ich habe mich mit ihnen vollgefressen! Achtung, ein SS-Mann von hinten.

Frau Haneczka schüttete ein paar Handvoll Getreide aus einem Sieb vor die auf sie zulaufenden Hühner, doch nachdem sie sich umgesehen hatte, winkte sie geringschätzig:

– Ach, das ist nur unser Chef. Ich habe ihn mir um den kleinen Finger gewickelt.

– Um so einen kleinen? Sie sind eine furchtbar mutige Frau. – Und mit Schwung schlug ich den Schraubenschlüssel gegen die Schienen und ihr zu Ehren eine Melodie an:

»La donna è mobile«.

– O Mann!, mach doch nicht so einen Lärm! Willst du wirklich nichts essen? Ich bin grade auf dem Weg zum Herrenhaus, dann bringe ich dir etwas mit.

– Lieben herzlichen Dank, Haneczko. Ich glaube, Sie haben mich ausreichend gefüttert, als ich arm war …

– … aber anständig – sagte sie mit einem Hauch von Ironie.

---

*   Im Original auf Deutsch.

– ... oder zumindest etwas unbeholfen – antwortete ich, so gut ich konnte.

– Aber apropos Unbeholfenheit: Ich hatte für Sie zwei schöne Seifen mit einem der schönsten Namen, den es nur geben kann, »Warschau«, und ...

– ... und ... sie haben gestohlen, wie immer?

– Und sie haben gestohlen, wie immer. Als ich nichts besaß, schlief ich tief und fest. Und heute, egal, wie ich die Pakete mit Schnüren und Draht zubinde, sie lösen sie immer wieder auf. Vor ein paar Tagen haben sie eine Flasche Honig für mich besorgt, und jetzt wieder diese Seife. Aber der Dieb kann sich auf was gefasst machen, wenn ich ihn erwische.

Frau Haneczka lachte laut.

– Das kann ich mir gut vorstellen. Was bist du doch nur für ein Kind! Was die Seife angeht, musst du dir keine Sorgen machen, ich habe heute zwei schöne Stücke von Iwan bekommen. Oh, ich hätte es beinah vergessen, gib bitte Iwan dieses Päckchen, es ist Schweinespeck – sagte sie und legte ein kleines Bündel unter den Baum. – Und hier, schau mal, was für schöne Seifen.

Sie entfaltete das Papier, das mir seltsam vertraut war. Ich ging hin und schaute mir das Ganze genauer an: Auf den beiden großen Blättern, als kämen sie von der Firma »Schicht«, waren eine Säule und der Schriftzug »Warschau« geprägt.

Schweigend reichte ich ihr das Bündel zurück.

– In der Tat, eine schöne Seife.

Ich blickte über das Feld und dann herüber zu den verstreuten Gruppen von Arbeitern. In der letzten, direkt neben den Kartoffeln, entdeckte ich Iwan: Wie ein Schäferhund im Dienst seiner Herde lief er wachsam um seine Gruppe von Leuten herum, schrie ab und zu etwas, was man aus der Ferne nicht hören konnte, und schwang einen großen Stock, dessen Rinde abgeschält war.

– Aber wehe, dem Dieb wird es richtig an den Kragen gehen –
sagte ich, ohne zu merken, dass ich ins Leere sprach, denn Frau
Haneczka war bereits gegangen und warf mir nur einen Blick
aus der Ferne zu, wobei sie dabei kurz den Kopf zu mir drehte:

– Mittagessen wie gehabt, unter den Kastanien.

– Danke!

Und ich begann, die Schienen wieder mit meinem Schraubenschlüssel abzuklopfen und dabei mit ihm zu läuten und die
losen Schrauben festzuziehen.

Frau Haneczka hat bei den Griechen ein gewisses Aufsehen
erregt, weil sie ihnen manchmal Kartoffeln bringt.

– Frau Haneczka gut, extra prima. Ist das deine Madonna?

– Aber warum gleich denn meine Madonna, wo denkst du
nur hin? – frage ich beleidigt und haue aus Versehen mit dem
Schraubenschlüssel auf meinen Finger – es ist eine Bekannte,
nein, also, »camerade, filos, compris«*, Greco bandito?

– Greco nix bandito. Greco gut Mann. Aber warum du essen
nichts von ihr? Kartoffeln, Patatas?

– Ich bin nicht hungrig, ich habe etwas zu essen.

– Du nix gut, nix gut – schüttelte der alte Grieche den Kopf,
ein Gepäckträger aus Thessaloniki, der zwölf Sprachen des Südens beherrscht – wir sind hungrig, ständig hungrig, ständig,
ständig …

Die knochigen Schultern strecken sich weit aus. Unter der
schorfigen Haut mit ihren Geschwüren spielen die Muskeln seltsam klar, als wären sie voneinander getrennt, und ein Lächeln
mildert die angespannten Gesichtszüge, welches das lauernde
Fieber in den Augen nicht löschen kann.

---

*   compris, Franz. für verstanden, hier Auschwitz-Esperanto.

– Wenn ihr hungrig seid, fragt sie einfach. Sie möge euch was bringen. Und jetzt an die Arbeit mit euch, »laborando, laborando«, denn es ist langweilig mit euch. Ich gehe woandershin.

– Und wir finden, Tadeusz, dass du im Unrecht bist und falsch handelst – sagte ein dicker alter Jude, der hinter den anderen hervortrat. Er lehnte seine Schaufel gegen einen Erdhaufen und fuhr, nachdem er sich über mich gelehnt hatte, fort: – Schließlich hattest du auch Hunger, also kannst du uns verstehen. Es würde dich nichts kosten, wenn sie einen Kübel Kartoffeln brächte.

Er zog das Wort »Kübel« genüsslich und verträumt in die Länge.

– Du, Beker, lass mich in Ruhe mit deiner Philosophie und kümmere dich besser um den Boden und die Schaufel, »compris«? Aber nur damit du es weißt: Solltest du am Abkratzen sein, so werde ich dir den Todesstoß verpassen, verstehst du? Und weißt du, wofür eigentlich?

– Wofür?

– Für Poznań. Oder stimmt es etwa nicht, dass du »Lagerältester« in einem jüdischen Lager bei Poznań warst?

– Und was soll schon dabei sein, dass ich es war?

– Hast du denn keine Leute umgebracht? Sie für ein dummes geklautes Stück Margarine oder einen Laib Brot nicht an einen Pfahl gehängt?

– Ich habe Diebe gehängt.

– Beker, die Leute sagen, dein Sohn ist in Quarantäne. – Bekers Hände umklammerten krampfhaft den Schaufelstiel, und er begann, vorsichtig meinen Oberkörper, meinen Hals und meinen Kopf zu mustern.

– Du, lass die Schaufel los, blick nicht so kämpferisch. Stimmt es etwa nicht, dass dein Sohn gefordert hat, dich für die Leute aus Poznań zu töten?

– Das stimmt – sagte er dumpf. – Und meinen zweiten Sohn habe ich in Poznań gehängt, aber nicht an den Händen, sondern am Hals, weil er Brot gestohlen hat.

– Du Dreckskerl! – explodierte ich.

Aber Beker, ein älterer, grauhaariger Jude mit leichtem Hang zur Melancholie, strahlte Ruhe und Gelassenheit aus. Er schaute auf mich herab, fast schon mit Verachtung.

– Seit wann sitzt du im Lager?

– Oh … seit ein paar Monaten.

– Weißt du, Tadeusz, ich mag dich wirklich sehr – sagte er unerwartet – aber Hunger hast du nicht wirklich erlebt, oder?

– Es kommt darauf an, was Hunger sein soll.

– Hunger ist real, wenn man einen anderen Menschen als ein Objekt zum Essen ansieht. Ich habe diese Art von Hunger schon einmal erlebt. Verstehst du das? – Und während ich schwieg und nur gelegentlich mit dem Schraubenschlüssel gegen die Schienen klopfte und mechanisch nach links und rechts blickte, um zu sehen, ob ein Kapo kam, fuhr er fort: – Unser Lager – dort – war klein … Direkt an einer Straße. Leute liefen die Straße entlang, hübsch gekleidet, so viele Frauen. Zum Beispiel sonntags unterwegs in die Kirche. Oder junge Paare. Und dann noch weiter das Dorf, ein ganz gewöhnliches Dorf. Die Leute hatten dort alles, etwa einen halben Kilometer von uns entfernt. Und wir stattdessen Kohlrüben … Mann, bei uns wollten sich die Leute gegenseitig – bei lebendigem Leibe – auffressen! Und was, sollte ich etwa keine Köche töten, die für Butter Wodka und für Brot Zigaretten kauften? Mein Sohn hat gestohlen, also habe ich ihn auch getötet. Ich bin Gepäckträger, Mann, ich kenne das Leben.

Ich sah ihn neugierig an, wie einen neuen Menschen.

– Und du, hast du auch nur deine tägliche Ration gegessen?

– Das ist etwas anderes. Ich war »Lagerältester«*.

– Aufgepasst! »Laborando, laborando, presto« – schrie ich plötzlich, denn ein Mann auf einem Fahrrad tauchte hinter der Straßenbiegung auf und fuhr an uns vorbei, wobei er uns aufmerksam beobachtete. Sofort senkten sich unsere Häupter etwas, und die in Alarmbereitschaft gehaltenen Schaufeln gingen in die Höhe, der französische Schraubenschlüssel schlug gegen die Schienen.

Der SS-Mann verschwand hinter den Bäumen, die Schaufeln wurden fallen gelassen und erstarrten. Die Griechen verfielen in ihre übliche Lethargie.

– Wie spät ist es?

– Ich weiß es nicht. Bis zum Mittagessen ist es noch lange hin. Und weißt du, Beker, ich sage dir etwas zum Abschied: Heute wird es im Lager eine Selektion geben. Ich hoffe, dass du und deine Geschwüre den Schornstein hochgehen.

– Eine Selektion? Woher weißt du, dass …

– Warum bist du so erschrocken? Es wird sie geben und fertig. Du hast Angst, nicht wahr? Die Strafe folgt auf … – Ich lächle boshaft, froh über meine Idee, gehe davon und summe einen modischen Tango, »Kremationstango« genannt. Die leeren Augen eines Menschen, aus denen plötzlich jeder Inhalt verschwunden ist, blicken starr vor sich hin.

II

Die Schienen meiner Schmalspurbahn verlaufen kreuz und quer über das Feld. Hier habe ich sie mit einem einzigen Streckenende zu dem Haufen verbrannter Knochen weitergeführt, die

---

* Im Original auf Deutsch mit polnischer Phonetik: lageraltester.

aus dem »Kremo« von den Fahrzeugen hierher transportiert
werden, und ein zweites Streckenende habe ich dann in dem
Teich ertränkt, in dem die Knochen schlussendlich sowieso immer landen, wobei ich dort mit den Schienen den Berg aus Sand
hochgerollt bin, der gleichmäßig über das Feld verteilt wird, um
für den zu sumpfigen Boden eine trockene Basis zu schaffen,
und dort habe ich sie wiederum entlang des Damms aus grasbe-
wachsener Erde gelegt, die für den Sandberg bestimmt ist. Die
Gleise führen so oder so überallhin, und wo sie sich kreuzen, befindet sich eine riesige eiserne Drehscheibe, die man mal hierhin, mal dorthin verlegen kann.

Eine Schar halbnackter Menschen umstellte sie, beugte sich
vor und krallte ihre Finger in ihr fest.

– »Hooooch!«* – schrie ich, um ein besseres Ergebnis zu er-
zielen, und nahm meine Hand suggestiv hoch wie ein Dirigent.
Die Leute zerrten an der Drehscheibe einmal, zweimal, jemand
fiel hart auf sie hin, er konnte sich nicht mehr auf den Beinen
halten. Von seinen Begleitern getreten, kroch er aus dem Kreis
heraus, hob sein sand- und tränenverschmiertes Gesicht vom
Boden und stöhnte:

– »Zu schwer, zu schwer …«** Zu schwer, mein Freund, zu
schwer … – Er steckte sich die zerfetzte Hand in den Mund,
saugte gierig daran.

– An die Arbeit, au! Steh auf! Nun, noch einmal »hooch«.
Auf!

– »Doguri!«*** Hoch! – wiederholt die Menge im friedfer-
tigen Chor, beugt sich so tief wie möglich vor, wölbt ihre Wir-
belsäulen, deren Bögen Zahnreihen von Fischen ähneln, und

---

*   hoch, im Original so.
**   Im Original auf Deutsch.
***   Im Poln. »do góry« – hoch, hier phonetisch auf Deutsch.

spannt ihre Rumpfmuskeln an. Aber die Hände, die die Platten schon anfassen können, sind locker und träge.

– Auf!

– »Doguri!« Hoch!

Plötzlich hagelte es Schläge auf den Kreis der gestreckten Rücken, der gekrümmten Nacken, der bis zum Boden gebeugten Köpfe, der schlaffen Arme und Hände. Der Schaufelstiel trommelte, klopfte die Haut an den Knochen fest und stöhnte dumpf am Bauch. Um die Platte herum wurde es brodelnd heiß. Ein schrecklicher menschlicher Schrei ertönte plötzlich und brach ab, und die Platte ging in die Höhe und schwebte, schwer schwankend, über den Köpfen der Menschen und setzte sich in Bewegung, wobei sie jeden Moment zu fallen drohte.

– Ihr Hunde – warf der Kapo zum Abschied der Weggehenden ein – und ich soll euch helfen.

Schwer keuchend wischte er sich mit der Hand über sein rotes, geschwollenes Gesicht voller gelber Flecken und folgte den Leuten mit einem verwirrten, gedankenlosen Blick, als sähe er sie zum ersten Mal. Dann wandte er sich an mich:

– Du, Eisenbahner, heiß ist es heute, oder was?

– Heiß. Kapo, diese Platte muss beim dritten Inkubator platziert werden, richtig? Und die Schienen?

– Du wirst sie direkt in den Graben legen.

– Aber auf dem Weg dorthin liegt ein Erddeich.

– Dann grabe einen Kanal. Es muss bis Mittag erledigt sein. Und am Abend hast du vier Paar Bahren für mich. Vielleicht muss man ja jemanden ins Lagerhaus bringen. Heiß heute, nicht wahr?

– Sehr heiß. Aber, Kapo … Mach weiter, mach weiter mit dieser Platte! Zum dritten Haus! Der Kapo schaut nur die ganze Zeit!

– Eisenbahner, gib mir eine Zitrone.

– Der Kapo soll einen »Pipel« zu mir schicken. Ich habe keine in meiner Tasche.

Er nickt mehrmals mit dem Kopf und geht humpelnd davon. Er geht nach draußen, um sich sattzufressen. Aber ich weiß, dass sie ihm dort nichts geben werden – er schlägt Leute. Wir legen die Platte hin. Mit furchtbarer Anstrengung werden die Schienen herangeschleppt, mit einer Spitzhacke untergraben, die Schrauben mit bloßen Fingern festgezogen. Hungrige, fiebrige Gestalten laufen unbeholfen, wundgelaufen und blutverschmiert. Die Sonne steht hoch am Himmel und brennt immer unangenehmer.

– Wie spät ist es, mein Freund?

– Zehn Uhr – sage ich, ohne meinen Blick von den Gleisen abzuwenden.

– Gott, Gott, es sind noch zwei Stunden bis zum Mittagessen. Stimmt es, dass heute eine Selektion im Lager stattfindet und wir in die Gaskammer gehen werden?

Alle wissen bereits über die Selektion Bescheid. Sie versorgen heimlich ihre Wunden, damit sie sauberer und kleiner werden, reißen Verbände ab, massieren ihre Muskeln, bespritzen sich mit Wasser, um für den Abend frischer und fitter zu sein. Sie kämpfen hart und heroisch um ihre Existenz. Anderen wiederum ist alles egal. Sie bewegen sich, um das Schlagen zu vermeiden, sie kauen Gras und klebrigen Lehm, um keinen Hunger zu verspüren, und sie laufen schwermütig, sie sind noch lebende Leichen.

– Wir alle – in die Gaskammer. Aber alle Deutschen werden »kaputt«* sein. Krieg »fini«, alle Deutschen – in die Gaskammer. Alle: Frauen, Kinder. Verstehst du?

---

* Im Original auf Deutsch, aber mit einem t: kaput.

– Verstehst du, Greco, »gut«*. Aber es ist nicht wahr, es wird keine Selektion geben, »keine Angst«**.

Ich grabe mich durch den Deich durch. Die leichte, handliche Schaufel »läuft« in meinen Händen wie von allein. Die feuchten Erdklumpen geben leicht nach und fliegen sanft in die Luft. Es lässt sich gut arbeiten, wenn man zum Frühstück ein Viertel Speck mit Brot und Knoblauch gegessen und dazu eine Dose Kondensmilch getrunken hat.

Im spärlichen Schatten eines gemauerten »Brutkastens«*** hockte der Kommandoführer, ein kleines, ausgedörrtes SS-Männchen in einem flatternden Hemd. Er war es leid, sich zwischen den Baggern herumzutreiben. Er weiß, wie man schmerzhaft mit einer Gerte**** zuschlägt. Gestern hat er mich zweimal in den Rücken geschnitten.

– »Gleisbauer«*****, was gibt´s Neues?

Ich schaufle, dass es knallt, und klopfe an der Oberfläche die Erde platt.

– Dreihunderttausend Bolschewiken fielen bei Kursk.

– Das ist doch gut, oder? Was meinst du?

– Sicherlich ist das gut. Denn dort sind genauso viele Deutsche umgekommen. Und die Bolschewiken werden in einem Jahr hier sein, wenn es so weitergeht.

– Glaubst du das wirklich? – lächelt er boshaft und stellt die übliche Frage: – Wie weit ist das Mittagessen?

---

*   Im Original auf Deutsch.
**   Im Original auf Deutsch.
***   Brutkasten meint im Auschwitz-Jargon die Baracke, in der die Häftlinge nicht nur schlafen, sondern viel Zeit verbringen und »auf den Tod warten«.
****   Im Original auf Deutsch, in poln. Phonetik: szpicruta für Spitzrute.
***** Im Original auf Deutsch.

Ich hole meine Uhr hervor, alten silbernen Schrott mit komischen römischen Ziffern. Ich mag sie, weil sie der Uhr meines Vaters ähnelt. Ich habe sie für ein Päckchen Feigen gekauft.

– Elf.

Eine Jammergestalt bewegt sich von der Wand her und nimmt sie mir in aller Ruhe aus der Hand.

– Schenk sie mir. Sie gefällt mir sehr.

– Das kann ich nicht, denn sie ist mein Eigen, von zu Hause.

– Kannst du das nicht? Dann eben nicht.

Er holte aus und schleuderte die Uhr gegen die Wand. Dann setzt er sich wieder in den Schatten und rollt die Beine ein. – Heiß heute, nicht wahr?

Ich hebe schweigend meine Uhr auf und beginne aus Wut zu pfeifen. Zuerst den Foxtrott über die fröhliche Johanna, dann den alten Tango über Rebecca, dann die »Warschawjanka«* und die »Rota« und schließlich das Repertoire von links.

Ich pfiff gerade die »Internationale«, in Gedanken singend: »Eto budet poslednij i reschitelnij boj«** – als mich plötzlich ein hoher Schatten verhüllte und eine schwere Hand auf meinen Nacken fiel. Ich hob meinen Kopf und erstarrte vor Todesangst. Ein riesiges, rotes, geschwollenes Gesicht breitete sich über mir aus, und der Schaufelstiel wackelte bedenklich in der Luft. Die makellos weißen Streifen hoben sich scharf von dem fernen Grün der Bäume ab. Ein kleines rotes Dreieck mit der Zahl »3277«, auf Brusthöhe aufgenäht, wackelte seltsam und wurde in meinen Augen immer größer.

– Was pfeifst du da? – fragte der Kapo und sah mir direkt in die Augen.

---

*   Poln. Arbeiterlied.
**   Im Original russ. mit polnischer Transkription: »Das wird die letzte und entscheidende Schlacht sein.«

– Das ist ein sehr internationaler Slogan, Herr Kapo.

– Und kennst du diesen Slogan?

– Na ja … ein bisschen … von verschiedenen Seiten – fügte ich mit Bedacht hinzu.

– Und kennst du das? – fragte er.

Und mit heiserer Stimme begann er, die »Rote Fahne« zu singen. Er warf den Stiel der Schaufel zur Seite, seine Augen leuchteten unruhig. Plötzlich brach er ab, hob den Stock auf und nickte mit dem Kopf, halb mit Verachtung, halb mit Mitleid:

– Hätte das die echte SS gehört, wärst du schon tot. Na ja …

Die Jammergestalt an der Wand lachte breit und gutmütig:

– Und ihr nennt das »Katorga«! Ihr hättet wie ich im Kaukasus gewesen sein sollen!

– »Kommandoführer«*, wir haben bereits einen Teich mit menschlichen Knochen zugeschüttet, und wie viele davor zugeschüttet worden sind und wie viel davon in die Weichsel gelangt ist, wissen weder Sie noch ich.

– Halt´s Maul, du Schweinehund – und schon stand er von der Wand auf und griff nach einer fallengelassenen Gerte.

– Schnapp dir ein paar Männer und hol das Mittagessen.

Ich lasse die Schaufel fallen und verschwinde hinter der Ecke des »Brutkastens«. Aus der Ferne höre ich noch die Stimme des Kapos, heiser und asthmatisch:

– Ja, ja, das sind Schweinehunde. Man muss sie alle ausrotten. Sie haben recht, Herr »Kommandoführer«**.

Ich warf ihnen einen hasserfüllten Blick zu.

---

*   Im Original auf Deutsch.
**   Im Original auf Deutsch.

III

Wir nehmen den Weg, der durch Harmense führt. Die hohen Kastanienbäume rauschen, der Schatten ist noch grüner, aber irgendwie auch trockener. Wie ausgetrocknete Blätter. Es ist der Schatten des Südens.

Nachdem man diese Straße betreten hat, muss man unbedingt an einem winzigen Haus mit grünen Fensterläden, die in der Mitte ungeschickt ausgeschnitzte Herzen haben, und mit weißen, halb herabgelassenen Gardinen vorbeikommen. Unterhalb der Fenster ranken sich zarte Rosen von blasser, matter Farbe nach oben, und in den Blumenkästen wachsen seltsame lila Blümchen. Auf den Treppenstufen der von dunkelgrünem Efeu umrankten Veranda spielt ein kleines Mädchen mit einem großen schnurrenden Hund. Der Hund, sichtlich gelangweilt, lässt sich an den Ohren ziehen und dreht nur hin und wieder den Kopf und vertreibt die Fliegen. Das Mädchen trägt ein weißes Kleid und hat braun gebrannte Arme. Der Hund gehört zur Dobermannrasse mit der braunen Wamme, und das Mädchen ist die Tochter des »Unterscharführers«, des Hausherrn in Harmense. Und dieses Herrenhaus mit Rosen und Gardinen – das ist sein Zuhause.

Bevor man die Straße betreten kann, muss man einige Meter durch morastigen klebrigen Matsch, eine mit Sägemehl vermischte, mit Desinfektionsmitteln übergossene Erde, gehen. Und das, damit nicht irgendeine Seuche nach Harmense eingeschleppt wird. Ich umgehe den Dreck vorsichtig von der Seite, und gemeinsam gelangen wir auf die Straße, wo sich die Suppenkessel aneinanderreihen. Sie wurden mit einem Fahrzeug aus dem Lager gebracht. Jedes Kommando hat seine Kessel mit Kreide markiert. Ich gehe um sie herum. Wir haben es rechtzeitig geschafft, noch hat uns niemand bestohlen. Man muss es nun selbst probieren.

– Fünf von uns, in Ordnung, nehmt sie mit, diese zwei Reihen gehören den Frauen, wir wollen keinen Krawall machen. Aha, da ist es – ich monologisiere laut und ziehe den Kessel eines Nachbarkommandos weg und ersetze ihn durch unseren, halb so groß, und zeichne mit der Kreide neue Markierungen.

– Nehmt es mit! – rufe ich den Griechen laut genug zu, die verständnisvoll den ganzen Vorgang anglotzen.

– Du da, der du die Kessel getauscht! Warte! Stehen bleiben! – rufen die anderen, die Leute vom zweiten Kommando, die ebenfalls losgegangen sind, um das Mittagessen zu holen, aber sie sind heute spät dran.

– Wer hat denn hier die Kessel getauscht, Alter? Halt den Mund, Mann!

Diese anderen Leute rennen, aber die Griechen, die ihre Kessel über den Boden schleifen, stöhnen und fluchen auf ihre eigene Art, »putare« und »porka«, sie schubsen sich und treiben sich gegenseitig an, verschwinden dann sogleich hinter den Pfählen und Drähten, die die Welt von Harmense trennen. Ich folge ihnen und gehe als Letzter herüber, ich höre sie schon an den Kesseln und sie verdammen mich in Grund und Boden, und meine Familie putzen sie ordentlich herunter. Aber es ist alles in Ordnung: heute ich, morgen sie, wer zuerst kommt, mahlt zuerst. Unser Kommandopatriotismus geht nie über den sportlichen Rahmen hinaus.

Die Suppe brodelt in den Kesseln. Die Griechen stellen die Kessel alle paar Schritte auf den Boden. Sie atmen schwer wie Fische, die ans Ufer geworfen wurden, und lecken heimlich mit den Fingern die klebrige, heiße Schmiere auf, die von den nicht zugedrehten Deckeln tropft. Ich kenne ihren Geschmack, vermischt mit Staub, Schmutz und dem Schweiß der Hände, denn vor nicht allzu langer Zeit habe ich selbst die Kessel getragen.

Sie stellen die Kessel ab und blicken mir erwartungsvoll ins Gesicht. Ich gehe feierlich an den mittleren Kessel heran, löse langsam die Schrauben, halte meine Hand für eine unendlich lange halbe Sekunde auf den Deckel und – hebe ihn ab. Ein Dutzend Augenpaare erlöschen entmutigt: Brennnesseln. Eine dünne, weiße Flüssigkeit schwappt im Kessel. Gelbe Margarineaugen schwimmen auf der Oberfläche. Aber jeder erkennt an der Farbe, dass darunter ganze, unzerkleinerte, faserige Brennnesselstängel liegen, von fauliger Farbe und abscheulichem Geruch, und dass die Suppe bis zum Boden gleich ist: Wasser, Wasser, Wasser … Für einen Moment verdunkelt sich die Welt in den Augen der Träger. Ich lege den Deckel auf den Kessel. Wir schleppen die Kessel schweigend hinunter.

In einem großen Bogen laufe ich nun um das Feld herum und auf Iwans Gruppe zu, die die Narbe der Wiese bei den Kartoffeln aufreißt. Eine lange Reihe von Männern in Zebrakleidung steht regungslos am schwarzen Erdwall. Ab und zu bewegt sich eine Schaufel, jemand bückt sich, erstarrt für einen Moment in dieser Bewegung, richtet sich langsam auf, hebt die Schaufel an und verharrt für lange Zeit in einer halben Drehung, einer unvollendeten Geste, wie ein Tier, das Faultier heißt. Gleich wird sich jemand anderes in Bewegung setzen, die Schaufel schwingen und genauso in träge Stumpfheit verfallen. Sie arbeiten nicht mit ihren Händen, sondern mit ihren Augen. Wenn ein SS-Mann oder Kapo am Horizont auftaucht oder ein Aufseher unter einer Erdspalte, in der ein feuchter Schatten frischer Erde herrscht, hervorgekrochen kommt, rasseln die Schaufeln lebhafter, aber solange sie können, fliegen sie leer, und die Glieder bewegen sich wie im Kino: komisch, kantig.

Ich klettere direkt zu Iwan hinauf. Er sitzt in seiner Erdspalte und schnitzt mit einem Taschenmesser Verzierungen in die Rinde einer dicken Stange: Quadrate, Schlangen, Herzen, ukrainische Inschriften. Neben ihm kniete ein alter, vertrauenswürdiger Grieche und packte gerade etwas in Iwans Beutel. Ich schaffte es noch, einen Blick auf den weiß gefiederten Flügel und den roten Kopf einer am Rücken seltsam gekrümmten Gans zu werfen, bevor Iwan, der mich bemerkt hatte, seine Jacke über den Beutel warf. Der Speck in meiner Hosentasche ist weich geworden und nun habe ich einen hässlichen Fleck auf meiner Hose.

– Von Frau Haneczka – sagte ich kurz.

– Hat sie denn gar nichts gesagt? Sie wollte doch Eier mitbringen?

– Sie sagte, ich solle dir für die Seife danken. Das hat ihr sehr gefallen.

– »To harascho«*. Ich habe sie gestern von einem Juden aus dem »Kanada«-Lager gekauft. Drei Eier musste ich ihm geben.

Iwan packt den Speck aus. Er ist zerknüllt, abgekocht und gelb. Bei seinem Anblick wird mir übel, vielleicht weil ich morgens zu viel Speck gegessen habe und er mir hochkommt.

– Oh, »blad«**! Für solche zwei Stücke Seife hat sie nur so viel gegeben? Hat sie dir denn keinen Kuchen geschenkt? – Iwan sieht mich misstrauisch an.

– Weißt du, Iwan, sie hat dir tatsächlich viel zu wenig gegeben. Ich habe diese Seife gesehen.

---

* Russ.: »Das ist gut.«
** Russ.: Scheißendreck, zum Kotzen, zum Verficken.

– Hast du sie wirklich gesehen? – Iwan bewegte sich unruhig in der Erdspalte. – Wir müssen los, die Leute zur Arbeit antreiben.

– Ich habe es gesehen. Und sie hat dir nicht genug gegeben. Du verdienst mehr. Besonders von mir. Ich werde versuchen, es dir zurückzugeben.

Wir blicken uns eine Weile tief und fest in die Augen.

IV

Direkt über dem Graben ist Kalmus gewachsen, und auf der anderen Seite, wo ein dummer schnauzbärtiger Wachmann steht, an dessen Schulter ein paar Winkel für all die Dienstjahre haften, wachsen Himbeeren mit blassen – als ob sie staubig wären – Blättern. Am Grund des Grabens fließt schlammiges Wasser, in dem irgendwelche grünen, schleimigen Wundertiere herrschen; gelegentlich wird ein schwarzer, zappelnder Aal aus dem Schleim herausgeholt. Die Griechen essen ihn roh.

Ich spreize meine Beine über dem Graben und taste mit der Schaufel langsam den Grund ab. Ich stehe vorsichtig da, um meine Schuhe nicht nass zu machen. Der Wachmann kommt näher und beobachtet mich schweigend.

– Was wird denn hier eigentlich gemacht?

– Ein Deich, und dann werden wir noch den Graben reinigen, Herr Wachmann.

– Woher hast du so schöne Schuhe?

Ich habe tatsächlich schöne Schuhe: mit einer handgenähten Doppelsohle, Halbstiefel, deren Leder nach ungarischer Art sehr kunstvoll perforiert ist. Meine Freunde haben sie mir von der Rampe mitgebracht.

– Ich habe sie im Lager zusammen mit diesem Hemd bekommen – sagte ich und zeigte auf das Seidenhemd, das mich bestimmt fast ein Kilo Tomaten gekostet hatte.

– Solche Schuhe gibt es bei euch? Schau mal, was ich trage.

Er zeigt mir Schuhe, die faltig und rissig sind. Der rechte hat an der Nase einen Flicken. Ich nicke verständnisvoll.

– Und könntest du mir nicht deine Schuhe verkaufen?

Ich hob meinen Blick voll grenzenlosen Erstaunens zu ihm.

– Wie könnte ich nur Ihnen das Eigentum des Lagers verkaufen? Wie könnte ich bloß?

Der Wachmann lehnt sein Gewehr an die Bank und kommt näher zu mir, wobei er sich über das Wasser beugt, in dem sich seine Gestalt spiegelt. Ich greife mit der Schaufel einmal durch und schon trübt sich das Bild.

– Alles ist erlaubt, wenn es niemand sehen kann. Du bekommst Brot, ich habe es in meinem Brotbeutel.

Brot habe ich genug, diese Woche sechzehn Brotlaibe aus Warschau. Außerdem ist ein halber Liter Wodka für solche Schuhe bombensicher. Also lächle ich verständnisvoll.

– Danke, wir kriegen im Lager solche Portionen, dass ich nicht hungrig bin. Ich habe genug Brot und Schweinespeck. Aber wenn Herr Wachmann zu viel Brot hat, soll er es den Juden geben, die dort an den Wällen arbeiten. Oh, der da, der die Grasnarbe trägt – sagte ich und deutete auf einen kleinen dünnen Juden mit eitrig verweinten Augen – er ist ein sehr anständiger Junge. Diese Schuhe taugen außerdem nichts: Die Sohle reißt ab. – Es gibt tatsächlich einen Riss in der Sohle: Man kann dort manchmal ein paar Dollar verstecken, manchmal ein paar Mark, manchmal einen Brief. Der Wachmann beißt sich auf die Lippen und sieht mich mit zusammengezogenen Augenbrauen an.

– Weshalb haben sie dich eingebuchtet?

– Ich ging die Straße entlang, und da war eine Razzia. Sie haben mich geschnappt, eingesperrt und dann hierher gebracht. Völlig unschuldig.

– Das sagt ihr ja alle!

– Das stimmt nicht, nicht alle. Mein Freund wurde zum Beispiel deshalb verhaftet, weil er falsch gesungen hat, Herr Wachmann, Sie verstehen schon, »falsch gesungen«*.

Die Schaufel, die ich pausenlos über den Grund des schlammigen Grabens bewege, ist an etwas Hartes geraten. Ich zerre daran: ein Draht. Ich murmle ein paar hässliche Flüche in meinen Bart und der Wachmann sieht mich verwirrt an.

– »Was falsch gesungen«**?

– Oh, das ist eine lange Geschichte. Einmal in Warschau, als während eines Gottesdienstes Kirchenlieder gesungen wurden, fing mein Freund an, die Nationalhymne zu singen. Und weil er sehr falsch gesungen hatte, sperrten sie ihn ein. Und sie sagten, sie würden ihn nicht rauslassen, bis er die Noten gelernt hat. Sie schlugen ihn sogar, aber es half nichts, er wird vermutlich bis zum Ende des Krieges sitzen müssen, weil er völlig unmusikalisch ist. Einmal verwechselte er sogar einen deutschen Marsch mit einem Marsch von Chopin.

Der Wachmann zischte etwas Unverständliches und ging wieder in Richtung der Bank. Er setzte sich hin, griff nachdenklich nach seinem Gewehr, und während er an dessen Schloss herumspielte, lud er es durch. Er hob den Kopf, als würde er sich an etwas erinnern.

– Du, Warschauer, komm, ich gebe dir Brot, du gibst es den Juden – sagte er und schnappte sich seine Tasche.

Ich lächle so freundlich, wie ich nur kann.

---

*   Im Original auf Deutsch.
**   Im Original auf Deutsch.

Auf der anderen Seite des Grabens sammelt sich eine Reihe von Wachen, und die Wachposten dürfen auf Menschen schießen. Sie erhalten drei Tage Urlaub und fünf Mark pro Kopf.

– Leider ist es uns nicht erlaubt, dorthin zu gehen. Aber wenn Herr Wachmann will, so kann er mir das Brot rüberwerfen, ich werde es schon sicherlich fangen.

Ich stehe in Warteposition, doch der Wachmann stellt plötzlich seine Tasche auf den Boden, springt hoch und meldet dem vorbeigehenden Wachkommandanten, dass »alles ohne besondere Vorkommnisse« sei.

Janek, der neben mir arbeitet, so ein netter Warschauer Junge, der nichts vom Lager versteht und wahrscheinlich auch nie verstehen wird, schaufelt eifrig den Schlamm auf und legt ihn gleichmäßig und vorsichtig auf die andere Seite, fast direkt vor die Füße des Wachmanns. Der Kommandant der Wache kam näher und betrachtete uns so, wie man weidendes Vieh oder ein Pferdegespann betrachtet, das ein Fuhrwerk zieht. Janek lächelt breit in seine Richtung und nickt zustimmend.

– Wir reinigen den Graben, Herr »Rottenführer«*, eine Menge Schlamm.

Der »Rottenführer« wurde wach und sah den sprechenden Gefangenen mit dem gleichen Erstaunen an, wie man ein Zugpferd ansieht, das plötzlich spricht, oder eine grasende Kuh, die einen modischen Tango zu singen beginnt.

– Komm her – sagte er zu ihm.

Janek stellte seine Schaufel ab, sprang über den Graben und kam näher. Dann hob der »Rottenführer« seine Hand und schlug ihm mit aller Kraft ins Gesicht. Janek rollte weg, griff noch nach den Himbeersträuchern und landete aber dann doch

---

* Im Original auf Deutsch.

im Schlamm. Das Wasser gluckste, und ich erstickte vor Lachen. Der »Rottenführer« hingegen sagte:

– Es ist mir s … egal, was du hier am Graben machst! Du kannst auch nichts machen. Doch wenn man mit einem SS-Mann spricht, muss man die Mütze vom Kopf nehmen und die Hände senken. – Der »Rottenführer« ging weg. Und ich half Janek, aus dem Schlamm herauszukommen.

– Aber wofür war das denn, wofür, wofür? – fragte er verblüfft, er verstand nichts.

– Nächstes Mal brauchst du dich nicht freiwillig zu melden – antwortete ich, und jetzt mach dich sauber.

Wir waren gerade mit dem Entschlammen des Grabens fertig, als der »Pipel« kam, geschickt vom Kapo. Ich greife nach dem Brotbeutel, ich muss den Laib Brot, den Speck und die Zwiebeln anders legen. Und ich hole eine Zitrone heraus. Der Wachmann von der anderen Seite schaut schweigend zu.

– »Pipel«, komm her. Ich hab's. Du weißt ja, für wen.

– In Ordnung, Tadek. Hör mal, hast du nichts zu essen? Aber du weißt schon, etwas Süßes. Oder Eier. Nein, nein, ich bin nicht hungrig, ich habe draußen gegessen. Ich habe ein bisschen Rührei von Frau Haneczka bekommen. Die Frau ist famos! Nur dass sie einfach alles über Iwan erfahren will. Aber weißt du was? Wenn der Kapo nach draußen geht, kriegt er nichts.

– Er soll die Leute nicht mehr schlagen, dann werden sie ihm auch was geben.

– Sag ihm das.

– Das ist doch dein Auftrag, »Pipel«. Aber du hast es nicht drauf, Dinge zu »organisieren«. Schau dir an, wie manche Leute hier Gänse fangen und sie abends im Block braten, während dein Kapo Suppe isst. Haben ihm die Brennnesseln von gestern geschmeckt?

Der »Pipel« sieht mich forschend an. Er ist ein junger, aber sehr cleverer Bengel. Ein Deutscher, er war bei der Armee, obwohl er erst sechzehn ist. Er hat geschmuggelt.

– Tadek, komm sofort zur Sache, wir verstehen uns doch. Gegen wen willst du mich aufhetzen?

Ich zucke mit den Schultern.

– Gegen niemanden. Aber schau dir die Gänse genau an.

– Und wusstest du, dass gestern wieder eine Gans verlorengegangen ist und der »Unterscharführer«* aus Wut dem Kapo ein paar aufs Maul gehauen und ihm seine Uhr weggenommen hat? Nun, ich will gehen und werde mal schauen.

Wir gehen gemeinsam, denn es ist schon Mittagspause. Sie pfeifen schrill auf der Seite, wo die Kessel stehen, und winken mit den Händen. Egal, wo einer steht, er lässt sein Werkzeug sofort fallen. Die Schaufeln ragen in den Wällen hervor. Überall auf dem Feld laufen müde Leute langsam auf die Kessel zu, sie wollen den glückseligen Moment vor dem Mittagessen so lange wie möglich hinauszögern, den Hunger, den sie gleich stillen werden. Verspätet kommt Iwans Gruppe hinter allen anderen. Iwan ist bei »meinem« Wachposten am Graben stehengeblieben und führt ein langes Gespräch mit ihm. Der Wachmann zeigt auf etwas mit seiner Schulter. Iwan nickt mit dem Kopf. Das Geschreie und die Ermahnungen haben ihn zur Eile gedrängt. Als er an mir vorbeigeht, bemerkt er:

– Es sieht so aus, als würdest du heute nichts erbeuten können.

– Der Tag ist noch nicht vorbei – antwortete ich.

Er blickt mich schief an, sein Blick ist bösartig und provokant.

---

*   Im Original auf Deutsch.

V

Im leeren »Brutkasten« lässt der »Pipel« das Geschirr stehen, wischt die Hocker ab und deckt den Tisch für das Mittagessen. Der »Schreiber« des Kommandos, ein griechischer Linguist, schrumpft in einer Ecke zusammen, um so kleiner und unauffälliger zu erscheinen. Durch eine eingeschlagene Tür kann man sein Gesicht sehen, das die Farbe von gekochten Krebsen hat und dessen Augen so wässrig sind wie Froschlaich. Draußen, auf einen Platz, der rundherum von einem hohen Erdwall umgeben ist, hat man die Gefangenen hingesetzt. Und sie haben sich hingesetzt, wie sie gestanden haben, zu fünft, in Reihen und in Gruppen. Sie sitzen mit gekreuzten Beinen, aber kerzengrade und mit ihren Händen an den Hüften. Während das Mittagessen serviert wird, dürfen sie sich nicht bewegen. Später dürfen sie sich nach hinten lehnen und sich auf den Schoß ihres Begleiters legen, aber wehe, wenn sie die Reihenordnung durcheinanderbringen. Seitlich, im Schatten des Damms, sitzen lässig die SS-Männer, die Maschinengewehre unbekümmert auf den Knien platziert. Sie holen Brot aus ihren Taschen und Brotbeuteln, bestreichen es aufmerksam mit Margarine und essen langsam und feierlich. Zu einem von ihnen setzte sich Rubin, ein Jude aus dem »Kanada«-Lager, und er spricht leise mit ihm. Er kümmert sich ums Geschäft – für sich selbst und für den Kapo. Der Kapo selbst, riesig und rot, steht neben dem Kessel.

Wir laufen mit Schüsseln in der Hand herum wie die erfahrensten und flinksten Kellner. In völliger Stille servieren wir die Suppe, in völliger Stille entreißen wir die Kochgeschirre gewaltsam den Händen, die auf dem leeren Boden noch etwas freikratzen, den Moment des Essens noch einmal verlängern, die Schüssel noch einmal ablecken, heimlich mit dem Finger über den Boden streichen wollen. Der Kapo sprang vom Kessel weg und fiel in die Reihen ein: Er blickte sich schnell um. Mit einem Fußtritt ins Gesicht bringt er einen Schüssellecker zu Fall, tritt ihm ein ums andere Mal in den Unterleib und geht davon, wobei er über die Knie und Hände trampelt, den Essern aber sorgfältig ausweicht.

Alle Augen blicken angestrengt in das Gesicht des Kapos. Noch zwei weitere Kessel: Nachschlag. Jeden Tag genießt der Kapo diesen Moment. Für viele Jahre im Lager gebührt ihm auch diese absolute Macht über die Leute. Mit dem Ende der Schöpfkelle zeigt er an, wer einen Nachschlag verdient hat: Er liegt nie falsch. Einen Nachschlag bekommt der besser Arbeitende, der Stärkere und Gesündere. Ein kranker, geschwächter, ausgedörrter Mann hat kein Recht auf eine zweite Schüssel Brennnesselwasser. Man darf keine Lebensmittel an Menschen verschwenden, die bald durch den Schornstein gehen.

Den »Vorarbeitern«* stehen von Amts wegen zwei volle Schüsseln Suppe mit Kartoffeln und Fleisch zu, freigekratzt vom Kesselboden. Mit der Schüssel in der Hand schaue ich mich unentschlossen um, denn ich spüre auf mir einen aufdringlichen Blick. In der ersten Reihe sitzt Beker, seine Glupschaugen waren begehrlich auf die Suppe gerichtet.

– Hier, iss, vielleicht wird es dir dann endlich übel.

Schweigend nimmt er die Schüssel aus der Hand und beginnt gierig zu essen.

– Und die Schüssel stellst du neben dir ab, damit der »Pipel« sie abräumen kann, sonst kriegst du vom Kapo eins aufs Maul.

Eine zweite Schüssel gebe ich Andrzej. Er wird mir dafür Äpfel bringen. Er arbeitet in der Obstplantage.

---

* Im Original auf Deutsch.

– Rubin, was hat der Wachmann gesagt? – frage ich halblaut und gehe an ihm vorbei, um in den Schatten zu kommen.

– Der Wachmann sagt, dass Kiew besetzt wurde – antwortet er leise.

Ich bleibe verwundert stehen. Er winkt mir ungeduldig mit der Hand. Ich verziehe mich in den Schatten, stopfe mein Sakko unter mich, damit mein Seidenhemd nicht dreckig wird, und richte es mir bequem ein, um zu schlafen. Wir ruhen uns aus, jeder so, wie er kann.

Der Kapo ging zum »Brutkasten« hinüber, und nachdem er zwei Schüsseln Suppe gegessen hatte, legte er sich schlafen. Dann holte der »Pipel« ein Stück gekochtes Fleisch aus seiner Tasche, schnitt es auf dem Brot in Scheiben und fing an, es vor der hungrigen Menge ostentativ zu essen, wobei er zu dem Fleisch Zwiebeln aß, als wären es Äpfel. Die Leute verteilten sich in engen Reihen hintereinander und fielen, nachdem sie ihre Köpfe unter ihren Jacken verborgen hatten, in einen schweren, unruhigen Schlaf.

Wir liegen im Schatten. Gegenüber hat sich ein Kommando von Mädchen mit weißen Taschentüchern ausgebreitet. Aus der Ferne rufen sie uns etwas zu und mit Hilfe von Zeichensprache erzählen sie uns ganze Geschichten. Dieser oder jener nickt vielsagend. Eines der Mädchen kniet ganz an der Seite und in den über seinem Kopf ausgestreckten Händen hält es einen großen schweren Balken. Ab und zu lockert der SS-Mann, der das Kommando bewacht, die Hundeleine. Der Hund will ihr dann ins Gesicht springen und bellt wütend.

– Eine Diebin? – stelle ich die Vermutung an, aber mehr aus Faulheit.

– Nein. Sie haben sie mit Petro im Maisfeld erwischt. Petro ist aber entkommen – antwortete Andrzej.

– Wird sie fünf Minuten durchhalten?

– Sie wird durchhalten. Sie ist ein zähes Luder.

Sie hat nicht durchgehalten. Sie beugte ihre Arme, ließ den Balken fallen und knallte laut weinend auf den Boden. Andrzej drehte sich um und sah mich an.

– Hast du nicht eine Zigarette, Tadzik? Schade, so ist das Leben!

Dann wickelte er den Kopf in sein Sakko, streckte sich bequem aus und schlief ein. Ich war auch gerade dabei, mich auf den Schlaf vorzubereiten, als der »Pipel« mich aufschreckte:

– Der Kapo ruft dich. Sei vorsichtig, denn er ist wütend.

Der Kapo ist wach geworden, seine Augen sind rot. Er reibt sie sich und starrt ins Leere.

– Du – er berührte mit einem drohenden Finger meine Brust – warum hast du die Suppe verschenkt?

– Ich habe noch etwas anderes zu essen.

– Was hat er dir dafür gegeben?

– Nichts.

Er nickt ungläubig mit dem Kopf. Er bewegt seinen riesigen Unterkiefer wie eine Kuh, die ihr Futter kaut.

– Morgen kriegst du keine Suppe mehr. Diejenigen, die nichts anderes zu essen haben, bekommen sie. Verstehst du das?

– In Ordnung, Kapo.

– Warum hast du die vier Bahren nicht gemacht, wie ich es dir gesagt habe? Hast du das vergessen?

– Ich hatte keine Zeit. Kapo hat gesehen, was ich vormittags gemacht habe.

– Du wirst sie am Nachmittag machen. Und pass auf, dass du nicht selbst auf ihnen liegen wirst. Ich kann dir das antun.

– Darf ich nun weggehen?

Erst jetzt sah er mich an. In mir steckte der tote, leere Blick eines Menschen, der aus tiefer Gedankenversunkenheit gerissen wurde.

– Was willst du hier? – fragte er.

VI

Ein erstickter Schrei eines Menschen unter den Kastanien stieß auch zu mir durch. Ich sammle die Schlüssel und Schraubenverschlüsse ein, stapele die Bahren übereinander, und ich fordere Janek auf:

– Janek, nimm die Kiste mit, sonst wird Mutti böse – und ich gehe zur Straße.

Beker lag am Boden, röchelte und spuckte Blut, und Iwan trat ihn, wo er nur konnte: ins Gesicht, in den Magen, in den Unter-leib …

– Schau, was dieser »hadiuka«* gemacht hat! Er hat dir dein ganzes Abendessen weggefressen! Der verfluchte Dieb!

Auf dem Boden liegt Frau Haneczkas Kochgeschirr mit dem restlichen Brei. Beker ist gänzlich mit Brei beschmiert.

– Ich habe sein Gesicht ins Kochgeschirr gesteckt – sagte Iwan und keuchte schwer. – Mach ihn fertig, ich muss gehen.

– Spül das Kochgeschirr – sagte ich zu Beker – und leg es unter den Baum. Pass auf, dass der Kapo dich nicht erwischt. Ich habe gerade vier Bahren gemacht. Du weißt, was das bedeutet?

Auf der Straße lässt Andrzej zwei Juden Übungen machen. Sie wussten nicht, wie man marschiert, der Kapo hatte schon zwei Stöcke auf ihren Köpfen zerbrochen und verkündet, dass sie es endlich lernen müssten. Andrzej bindet jedem von ihnen einen Stock ans Bein und erklärt, so gut er kann: »Tschortowe wy deti, taj dywys, ce lewa, a ce prawa, links, links.«** Die Griechen rei-ßen die Augen weit auf, marschieren im Kreis und scharren mit den Füßen in der Erde, weil sie Angst haben. Eine riesige Staub-

---

* Ukrainisch für: Schlange.
** Im Original in poln. Phonetik, Russ.: »Kinder des Teufels seid ihr, ihr seht doch, wo links und wo rechts ist …«

wolke erhebt sich in die Luft. In der Nähe des Grabens, wo der Wachmann steht, der sich für die Stiefeln interessierte, arbeiten unsere Jungs, »planieren« den Boden, stampfen ihn sanft fest und streichen ihn mit den Schaufeln, als ob er Teig wäre. Sie schreien, als ich querfeldein laufe und tiefe Fußspuren hinterlasse.

– Tadek, was gibt´s?

– Nichts. Sie haben Kiew eingenommen.

– Und ist das wahr?

– Eine komische Frage!

Ich schreie aus voller Kehle, weiche ihnen aus und gehe den Graben entlang. Plötzlich höre ich einen Schrei hinter mir:

– »Halt, halt, du, Warschauer!«* – und einen Moment später unerwartet auf Polnisch: – »Stój, stój«**!

Auf der anderen Seite des Grabens kommt »mein Wachposten« auf mich zugestürmt, er hält das Gewehr wie zum Angriff. Er ist sehr aufgeregt. – »Stój, stój«!

Ich bleibe stehen. Der Wachmann bahnt sich den Weg durch die Brombeersträucher und lädt das Gewehr durch.

– Was sagtest du gerade? Über Kiew? Du verbreitest hier politische Gerüchte! Du hast hier eine geheime Organisation! Nummer, Nummer, gib mir deine Nummer!

Zitternd vor Wut und Aufregung zieht er einen Papierfetzen hervor und sucht lange nach einem Bleistift. Ich spürte, wie in mir etwas für immer fortschwamm, aber dann kam ich wieder schnell zu mir und erholte mich von dem Schreck.

– Es tut mir leid, Herr Wachmann hat das nicht verstanden. Sie beherrschen die polnische Sprache nicht richtig. Ich sprach

---

*   Im Original auf Deutsch.

**   Poln. für »halt!«.

von den Stöcken, die Andrzej an die Juden auf der Straße gebunden hat. Und dass es sehr lustig ist.

– Ja, ja, Herr Wachmann, genau das hat er gesagt – bestätigt einhellig ein Chor.

Der Wachmann schwang sein Gewehr, als wollte er mich mit dem Kolben über dem Graben erreichen.

– Du bist doch verrückt! Ich werde dich heute noch im Lager für die Politischen melden! Die Nummer, die Nummer!

– Einhundertneunzehn, einhundertneun …

– Zeig sie mir auf der Hand.

– Sieh hierhin.

Ich halte meinen Arm mit der eintätowierten Nummer hin, und ich bin sicher, dass er sie aus der Entfernung nicht sehen kann.

– Komm näher.

– Das darf ich nicht. Herr Wachmann kann eine Meldung machen, aber ich bin nicht »der weiße Wańka«.

Der »weiße Wańka« kletterte vor ein paar Tagen auf eine Birke, die zwischen den Wachposten wächst, um Äste für einen Besen zu schneiden. Für einen Besen kann man im Lager Brot oder Suppe bekommen. Der Wachposten zielte und schoss, die Kugel ging schräg durch die Brust und trat hinten am Nacken heraus. Wir brachten den Jungen zurück ins Lager. Ich gehe wütend davon, aber kurz hinter einer Ecke holt mich Rubin ein.

– Tadek, was hast du getan? Und was wird daraus werden?

– Und was soll daraus werden?

– Du wirst doch alles erzählen, dass ich es war … Oh, was hast du bloß getan? Wie kannst du so laut schreien? Du willst mich vernichten.

– Wovor hast du Angst? Bei uns wird nicht verpfiffen.

– Ich weiß es und du weißt es, aber »sicher ist sicher«*. Du, wie wär´s denn eigentlich damit, du gibst deine Schuhe dem Wachmann. Er wird sicher zustimmen? Na, ich werde versuchen, mit ihm zu reden. Lass es mich was kosten. Ich habe mit ihm schon gehandelt.

– Das ist ja großartig, dann wird man auch darüber sprechen müssen.

– Tadek, ich sehe schwarz für uns. Gib mir die Schuhe und ich werde mit ihm reden. Er ist ein Pfundskerl.

– Er lebt nur einfach zu lange. Ich werde ihm die Schuhe nicht geben, weil sie mir viel zu schade sind. Aber ich habe eine Uhr. Sie funktioniert zwar nicht und das Glas ist zerbrochen, aber wozu bist du da? Wie auch immer, gib ihm deine, sie hat dich nichts gekostet.

– Oh, Tadek, Tadek …

Rubin versteckt die Uhr, ich höre aus der Ferne:

– Eisenbahner!

Ich laufe über das Feld. Kapos Augen nahmen einen unheilvollen Ausdruck an, und in seinen Mundwinkeln bildete sich Schaum. Hände, riesige Gorillahände, die gleichmäßig schwingen und deren Finger sich nervös zusammenziehen:

– Hast du was mit Rubin ausgehandelt?

– Der Kapo hat´s schließlich gesehen. Der Kapo sieht alles. Ich habe ihm die Uhr gegeben.

– Wie? – Seine Hände wanderten langsam hoch zu meiner Kehle. Ich war wie versteinert vor Angst. Ohne die geringste Bewegung (»Es ist ein wildes Tier«, schoss es mir durch den Kopf), ohne den Blick von ihm abzuwenden, schleuderte ich ihm in einem Atemzug entgegen:

---

*   Im Original auf Deutsch.

187

– Ich habe ihm die Uhr gegeben, weil der Wachmann eine Meldung im Lager für Politische machen will, dass ich hier irgendwelche Geheimarbeit erledige.

Die Kapo-Hände entspannten sich langsam und fielen herab. Sein Unterkiefer hing leicht herunter wie bei einem Hund, dem zu heiß ist. Er hörte sich die Geschichte an und schwang zögerlich den Schaufelstiel hin und her.

– Geh zur Arbeit. Es sieht so aus, als würden sie dich heute ins Lager bringen.

In diesem Moment macht er eine blitzschnelle Bewegung, schießt in Habachtstellung und nimmt seine Mütze vom Kopf. Er springt sogleich zurück, weil er von hinten von einem Fahrrad angefahren wird. Ich reiße meine Mütze ebenso vom Kopf. Der Unterscharführer, der Landwirt aus Harmense, springt rot vor Verärgerung von seinem Fahrrad:

– Was geht hier eigentlich vor bei diesem verrückten Kommando? Warum laufen diese Leute dort mit Stöcken herum, die an sie gebunden sind? Und das in der Arbeitszeit!

– Sie wissen nicht, wie man marschiert!

– Wenn sie nicht wissen, wie man marschiert, dann muss man sie töten! Und haben Sie schon es mitgekriegt, dass wieder eine Gans verschwunden ist?

– Was stehst du da herum wie ein dummer Hund? – schrie mich der Kapo an. – Andrzej soll mit ihnen einen kurzen Prozess machen. »Los«*!

Ich lief den Pfad hinunter.

– Andrzej, »kontschaj ich!«** Der Kapo befiehlt es!

Andrzej schnappte sich einen Stock und schlug von links gewaltig zu. Der Grieche schützte sich mit der Hand, schrie auf

---

| * | Im Original auf Deutsch. |
| ** | Russ. für »mach sie fertig!« |

und fiel. Andrzej setzte den Stock an seine Kehle, stellte sich darauf und schaukelte hin und her.

Ich bin schnell in meine Richtung gegangen.

Von Weitem sehe ich schon, wie der Kapo und der SS-Mann zu meinem Wachposten hingehen und sich dann lange mit ihm unterhalten. Der Kapo gestikuliert heftig mit seinem Schaufelstiel. Seine Mütze hatte er aber aufgesetzt gelassen. Als sie gingen, kam Rubin zum Wachposten. Der Wachmann stand von der Bank auf, näherte sich über den Graben und betrat schließlich den Damm. Nach einer Weile winkte Rubin mir zu.

– Danke dem Wachmann, dass er dir keine Meldung machen wird.

Rubin trägt keine Armbanduhr an seinem Handgelenk.

Ich danke ihm und gehe in Richtung Werkstatt. Ein alter Grieche, der von Iwan, hält mich auf dem Weg an.

– »Camerade, Camerade«, dieser SS-Mann ist aus dem Lager, richtig?

– Na und?

– Wird es heute wirklich eine Selektion geben?

Und im Moment einer seltsamen Exaltiertheit wirft der grauhaarige, verdorrte Grieche, ein Kaufmann aus Thessaloniki, seine Schaufel weg und hebt die Hände hoch:

– «Nous sommes les hommes misérables. O Dieu, Dieu!«*

Blassblaue Augen blicken in den Himmel, der genauso blau und blass ist.

---

* Franz. für: »Wir sind unglückliche Menschen. O mein Gott, mein Gott!«

VII

Wir heben den Kleinförderwagen der Schmalspurbahn an. Voll beladen mit Sand, ist er auf der »Drehscheibe«* von allein entgleist. Vier Paar ausgemergelter Arme schieben den Wagen einmal vorwärts, einmal rückwärts, sie schaukeln ihn. Sie brachten ihn in Schwingung, hoben das vordere Räderpaar an und setzten es auf die Schienen. Wir legen einen Pflock unter, die »Lore« ist schon fast auf den Schienen, plötzlich lassen wir sie los und richten uns auf.

– Zum Appell! – schreie ich und pfeife aus der Ferne.

»Lore« fällt regungslos um und die Räder reißen den Boden auf. Jemand wirft die unnötige Stange weg, wir schütten den Sand aus der »Lore« direkt auf die Drehscheibe. Morgen wird sowieso aufgeräumt werden müssen.

Wir gehen zum »Antreten«. Erst nach einer Weile stellen wir fest, dass es viel zu früh ist. Die Sonne steht nach wie vor sehr hoch. Es ist noch ein weiter Weg bis zum Wipfel des Baumes, an den wir uns beim Antreten mit unserer Nase lehnen. Allerhöchstens drei Uhr. Die Gesichter der Menschen sind verängstigt und voller Fragen. Wir stehen zu fünft auf gleicher Höhe und schnallen unsere Taschen und Gürtel fest.

Der »Schreiber« zählt uns ständig.

Von der Seite des Hofs kommen die SS-Männer und die von unseren Wachposten. Sie umzingeln uns. Wir stehen. Am Ende des Kommandos Bahren mit zwei Leichen.

Auf der Straße kam es zum größeren Verkehr als sonst. Die Leute von Harmense gehen hin und her, besorgt über unseren frühen Weggang. Aber für die alten Lagerinsassen ist die Sache klar: Es wird im Lager tatsächlich eine Selektion geben.

---

*   Im Original auf Deutsch, aber als ein Mix aus beiden Sprachen: »scheiba«

Das helle Taschentuch von Frau Haneczka huschte ein paar Mal an uns vorbei.

Die Frau blickt uns fragend an. Sie stellt den Korb auf den Boden und lehnt sich an die Scheune, um zuzuschauen. Ich folge ihrem Blick. Sie schaut Iwan unruhig an.

Unmittelbar hinter den SS-Männern her kommen der Kapo und der Schwächling »Kommandoführer«.

– Auseinandertreten und Hände hoch – sagte der Kapo.

Dann haben endlich alle verstanden, was Sache ist: eine Durchsuchung. Wir knöpfen unsere Jacken auf, öffnen unsere Taschen. Der SS-Mann ist geschickt und schnell. Er streicht mit den Händen über den ganzen Körper, greift in die Taschen. Neben Brotresten ein paar Zwiebeln und ein Stück gealterter Speck – noch Äpfel, zweifellos aus dem Obstgarten.

– Woher hast du das?

Ich hebe meinen Kopf: »mein« Wachposten zum Glück.

– Aus einem Paket, Herr Wachmann.

Er schaut mir einen Moment lang ironisch in die Augen.

– Die gleichen Äpfel habe ich heute nach dem Mittagessen gegessen.

Sie holen Sonnenblumenstücke, Maiskolben, Kräuter, Sauerampfer, Äpfel aus ihren Taschen heraus, als würden sie eine Gans ausweiden, und immer wieder erklingt ein kurzer menschlicher Schrei: Sie schlagen zu.

Plötzlich trat der »Unterscharführer« in die Mitte der Reihen und zog den alten Griechen mit einer großen vollgestopften Tasche zur Seite.

– Öffnen – sagte er kurz.

Mit zitternden Händen öffnete der Grieche seine Tasche. Der Unterscharführer schaute hinein und rief dem Kapo etwas zu.

– Schau, Kapo, unsere Gans.

Und er zog eine Gans mit riesigen Flügeln aus der Tasche.

»Pipel«, der ebenfalls auf die Tasche zugelaufen war, rief dem Kapo triumphierend zu:

– Da ist sie, da ist sie! Hab ich´s dir nicht gesagt?

Der Kapo holte mit seinem Stock zum Schlag aus.

– Nicht schlagen – sagte der SS-Mann und hob seine Hand.

Er zog einen Revolver aus dem Holster und wandte sich direkt an den Griechen, wobei er wortgewandt mit der Waffe gestikulierte:

– Woher hast du das? Wenn du mir nicht antwortest, werde ich dich erschießen. – Der Grieche blieb stumm. Der SS-Mann hob die Waffe. Ich sah Iwan an. Er war völlig blass. Unsere Blicke trafen sich. Er presste die Lippen zusammen und trat aus der Reihe. Er ging auf den SS-Mann zu, nahm seine Mütze ab und sagte:

– Ich war es, der sie ihm gegeben hat.

Alle Augen waren auf Iwan gerichtet. Der Unterscharführer hob langsam die Peitsche und schlug ihm einmal ins Gesicht, ein zweites Mal, ein drittes Mal. Dann begann er, ihn auf seinen Kopf zu schlagen. Die Peitsche schwirrte, das Gesicht des Gefangenen bedeckte sich mit blutigen Striemen, aber Iwan fiel nicht um. Er stand mit der Mütze in der Hand aufrecht und mit den Händen an seinen Hüften. Er wich nicht mit dem Kopf aus, sondern wackelte nur mit dem ganzen Körper.

Der Unterscharführer senkte seine Hand.

– Nummer notieren und Meldung machen. Kommando – Abmarsch!

Wir gehen mit einem gleichmäßigen, militärischen Schritt davon. Lassen einen Haufen Sonnenblumen, Heilkrautbüschel, Lumpen und Säcke, zertrampelte Äpfel hinter uns zurück, und hinter all dem liegt eine riesige Gans mit rotem Kopf und weißen

Flügeln. Am Ende des Kommandos geht Iwan, von niemandem gestützt. Hinter ihm werden zwei mit Ästen bedeckte Leichen auf Bahren getragen.

Als wir an Frau Haneczka vorbeikamen, drehte ich meinen Kopf zu ihr. Sie stand blass und kerzengrade, die Hände gegen die Brust gepresst. Ihre Lippen zitterten nervös. Sie hob den Blick und schaute mich an. Dann sah ich, dass ihre großen schwarzen Augen voller Tränen waren.

Nach dem Appell trieb man uns in den Block. Wir lagen auf unseren Pritschen, schauten durch die Ritzen und warteten auf das Ende der Selektion.

– Ich habe das Gefühl, als hätte ich während dieser ganzen Selektion versagt, mich schuldig gemacht. Dieser seltsame Fatalismus in meinen Worten. In dem verfluchten Auschwitz* hat selbst ein böses Wort die Macht, Wirklichkeit zu werden.

– Mach dir keine Sorgen – sagte Kazik – du solltest lieber etwas von der Pastete dazu legen.

– Hast du keine Tomaten?

– Es ist nicht jeder Tag Johannistag.

Ich schob die vorbereiteten belegten Brote beiseite.

– Ich kann nicht essen.

Draußen wird gerade die Selektion beendet. Der Arzt, ein SS-Mann, geht, nachdem er die Anzahl der Personen und ihre Nummern notiert hat, zum nächsten Block. Kazik macht sich für den Abschied fertig.

– Ich gehe ein paar Zigaretten kaufen. Aber weißt du, Tadek, du bist ein Trottel, denn wenn jemand meinen Brei gemampft hätte, hätte ich ihn zu Marmelade geschlagen.

---

* Im Original auf Polnisch: Oświęcim.

In diesem Moment tauchte am Rand der Pritsche ein riesiger, grauhaariger Schädel von unten auf und verlegen blinzelnde Augen schauten uns an. Dann erschien das Gesicht von Beker, zerknittert und noch älter geworden.

– Tadek, ich habe eine Bitte an dich.

– Sprich – sagte ich und beugte mich zu ihm.

– Tadek, ich gehe in den Schornstein.

Ich beugte mich noch tiefer und sah ihm genau in die Augen: Sie waren ruhig und leer.

– Tadek, aber ich bin schon so lange hungrig. Gib mir etwas zu essen. An diesem letzten Abend.

Kazik schlug mit seiner Hand auf mein Knie.

– Kennst du diesen Juden?

– Er heißt Beker – antwortete ich leise.

– Du da, Jude, komm hoch auf die Pritsche zum Fressen. Wenn du dich sattgefressen hast, nimm den Rest mit in den Schornstein. Steig hoch auf die Pritsche. Ich schlafe hier nicht, du könntest Läuse haben.

– Tadek – er hat mich am Arm gepackt – komm mit. Ich habe einen tollen Apfelkuchen, direkt von meiner Mutter, hier im Block natürlich.

Er stieß mich mit seinem Arm an, als er von der »buksa«*, der Pritsche, herunterkletterte.

– Schau – sagte er flüsternd.

Ich sah Beker an. Seine Augenlider waren nicht ganz geschlossen, und wie ein Blinder suchte er mit der Hand vergeblich nach einem Brett, um auf die Pritsche zu klettern.

---

*   buksa, poln. Schreibweise, die Bezeichnung für Pritsche wird von Borowski oft verwendet, hier nur ein Beispiel, s. Glossar.

Meine Damen
und Herren,
bitte zum Gas

Das ganze Lager lief nackt herum. Wir hatten zwar bereits die
Entlausung überstanden und unsere Kleider aus den Becken, die
mit Zyklon, schön in Wasser aufgelöst, gefüllt waren, zurück-
bekommen, wobei der Zyklon die Läuse in den Kleidern sowie
die Menschen in der Gaskammer hervorragend vergiftete, und
nur denen in den Blocks, die durch Spanische Reiter von uns
abgegrenzt waren, wurden ihre Kleider noch nicht ausgehän-
digt, aber sowohl diese als auch unsere Leute liefen nackt herum: Die Hitze war schrecklich. Das Lager war für die Außen-
welt komplett geschlossen und streng bewacht. Kein Gefangener
und keine Laus wagten es, durch seine Tore zu gehen. Die Arbeit der Kommandos wurde eingestellt. Den ganzen Tag über
füllten Tausende von nackten Menschen die Wege und Appell-
plätze, ruhten sich vor den Mauern und auf den Dächern aus.
Man schlief auf Brettern, da Matratzen und Decken in der Desinfektion waren. Und von den letzten Blocks aus konnte man
das FKL sehen – auch dort wurde entlaust. Achtundzwanzigtau-
send Frauen wurden entkleidet und aus den Blocks gejagt – und
nun tummelten sie sich auf den »Wiesen«, Wegen und Plätzen.

Vom frühen Morgen an wartet man auf das Mittagessen, isst
Pakete, besucht Freunde. Die Stunden vergehen langsam, so
wie es in der Hitze halt üblich ist. Auch die übliche Unterhaltung fehlt: Die breiten Straßen zu den Gaskammern und Krematorien sind leer. Seit ein paar Tagen gibt es keine Transporte

mehr. Ein Teil »Kanadas« wurde aufgelöst und einem anderen Kommando zugeteilt. Sie landeten bei einem der härtesten, in Harmense. Warum? Weil sie fett genährt und erholt waren. Denn im Lager herrscht eine neidische Gerechtigkeit: Wenn ein Reicher und Mächtiger fällt, bemühen sich seine Freunde darum, dass er möglichst tief fällt. »Kanada«, unser »Kanada«, riecht vielleicht nicht nach Harz wie in Arkady Fiedlers Buch, sondern nach französischem Parfüm, aber wahrscheinlich wachsen dort nicht so viele hohe Kiefern, wie Edelsteine und Münzen bei uns heimlich gelagert werden, gesammelt aus ganz Europa.

Wir sitzen gerade zu mehreren auf der Pritsche und wackeln sorglos mit den Beinen. Wir legen weißes, originell gebackenes Brot aus, krümelig, bröselig, ein wenig merkwürdig im Geschmack, aber dafür wochenlang nicht schimmelig. Brot, das extra aus Warschau geschickt wurde. Noch bis vor einer Woche hat meine Mutter es in ihren Händen gehalten. Lieber Gott, lieber Gott …

Wir holen den Speck und die Zwiebeln heraus und öffnen die Dose mit der Kondensmilch. Henri, riesig und schweißgebadet, träumt laut von französischem Wein, der mit den Transporten aus Straßburg, aus der Nähe von Paris, aus Marseille gebracht wird …

– Hör mal, »mon ami«. Wenn wir wieder auf die Rampe gehen, bringe ich dir einen echten Champagner mit. Das hast du bestimmt noch nie getrunken, oder?

– Nein. Aber du wirst ihn nicht durch das Tor tragen können, also hör auf, mich zu verschaukeln. Du solltest lieber Schuhe »organisieren«, und weißt du, solche perforierten mit doppelter Sohle, und von einem Hemd spreche ich schon gar nicht mehr, das hast du mir bereits vor langer Zeit versprochen.

– Geduld, Geduld, wenn die Transporte kommen, bringe ich euch alles mit. Wir gehen dann wieder zur Rampe.

– Oder wird es keine Transporte zum Schornstein mehr geben? – warf ich boshaft ein. – Du siehst doch, wie sich alles im Lager gelockert hat, unbegrenzte Anzahl an Paketen, man darf nicht mehr schlagen. Ihr habt doch Briefe nach Hause geschrieben ... Und man spricht über verschiedene Verordnungen, du selbst sprichst darüber. Wie auch immer, verdammt noch mal, es werden Leute fehlen.

– Hör auf, Unsinn zu reden – der Mund eines fettleibigen Mannes aus Marseille mit einem so seelenvollen Gesicht wie eine Cosway-Miniatur (ein Freund von mir, aber ich kenne seinen Namen nicht) ist mit einem Sardinenbrot verstopft – hör auf, Unsinn zu reden – wiederholte er und schluckte alles mühsam herunter (»endlich ist es weg, verdammt!«) – hör auf, Unsinn zu reden, Mangel an Leuten darf es nicht geben, wir würden sonst im Lager verrecken. Wir alle leben von dem, was sie mitbringen.

– Alle, nicht alle. Wir kriegen Pakete ...

– Du kriegst sie und dein Freund und zehn von deinen Freunden, ihr kriegt sie, ihr Polen, und selbst da nicht alle. Aber wir, die Juden oder die Russen? Und was, wenn wir nichts zu essen hätten, keine »Organisation« aus den Transporten hätten, würdet ihr dann so friedlich eure Pakete weiteressen? Wir hätten euch nicht in Ruhe gelassen.

– Hättet ihr schon, oder ihr würdet vor Hunger verrecken wie die Griechen. Wer Essen im Lager hat, hat Kraft.

– Ihr habt es und wir haben es, wozu also sich streiten?

Sicher, wozu sich streiten. Ihr habt und ich habe, wir essen zusammen, wir schlafen auf derselben Pritsche. Henri schneidet das Brot und macht den Tomatensalat. Er schmeckt hervorragend mit dem Senf aus der Kantine.

In unserem Block, aber unter uns, drängen sich Menschen zusammen, nackt und schweißgebadet. Sie wandern zwischen den Pritschen im Durchgang herum, entlang des riesigen, wohlüberlegt gebauten Heizofens, zwischen den Verbesserungen, die einen Pferdestall (ein Schild hängt noch an der Tür: »Verseuchte Pferde«* – infizierte Pferde sollten da und dort hin) in ein angenehmes (gemütliches**) Heim für mehr als ein halbes Tausend Menschen verwandeln. Zu acht, neunt liegen sie zusammengedrängt in den unteren Pritschen, nackt, knochig, nach Schweiß und Sekret stinkend, mit tief eingefallenen Wangen. Unter mir, ganz unten – ein Rabbi; er hat seinen Kopf mit einem Stück Lappen bedeckt, aus einer Decke herausgerissen, und liest aus seinem hebräischen Gebetbuch (davon gibt es hier jede Menge …), laut und monoton jammernd.

– Ist es möglich, dass er sich ein wenig beruhigt? Er brüllt, als hätte er Gott an den Füßen gepackt.

– Ich möchte nicht von der Pritsche herunter. Soll er doch schreien, so wird er wenigstens schnell durch den Schornstein gehen.

– Religion ist Opium fürs Volk. Ich liebe es, Opium zu rauchen – fügt der Marseiller hinzu, treffend von links, ist er doch Kommunist und »rentier«***. – Wenn sie nicht an Gott und das Leben nach dem Tod glaubten, hätten sie die Gaskammern und Krematorien schon längst zerstört.

– Und warum macht ihr das nicht?

Die Frage hat einen metaphorischen Sinn, aber der Marseiller antwortet: – Idiot – stopft sich eine Tomate in den Mund und macht eine Bewegung, als wollte er etwas sagen, aber er isst auf

---

*   Im Original auf Deutsch.
**   Im Original auf Deutsch.
***   Im Original auch »rentier«: Kuponschneider, Rentner, Pensionär usw.

und schweigt. Wir beendeten gerade unsere Fresserei, da geriet an der Tür des Blocks wieder etwas in Bewegung, die »Muslime« sprangen auf und ergriffen die Flucht zwischen die Pritschen, und in die »Bude« des Blockältesten stürmte ein Bote herein. Im nächsten Moment kam der Blockälteste majestätisch zum Vorschein.

– »Kanada«! Antreten! Aber schnell! Ein Transport kommt!

– Großer Gott! – rief Henri und sprang von der Pritsche herunter. Der Marseiller verschluckte sich jetzt an der Tomate, griff nach seinem Sakko, rief den unten Sitzenden »raus!«* zu und schon standen sie in der Tür. Auf den anderen Pritschen brodelte es. »Kanada« war dabei, zur Rampe aufzubrechen.

– Henri, Schuhe! – rief ich zum Abschied.

– »Keine Angst«**! – rief er mir schon von draußen zurück.

Ich packte die Lebensmittel ein und verschnürte mit Seilen den Koffer, in dem Zwiebeln und Tomaten aus dem Garten meines Vaters in Warschau neben portugiesischen Sardinen aufbewahrt wurden, wobei sich der Speck aus dem Lubliner »Bacutilu« (von meinem Bruder) mit echtem Trockenobst aus Thessaloniki vermischte. Ich war fertig mit dem Verschnüren, zog meine Hose an und stieg von der Pritsche herunter.

– »Platz«***! – schrie ich und zwängte mich durch die Griechen. Sie rückten zur Seite. In der Tür aber begegnete ich Henri.

– »Allez, allez, vite, vite«****!

– »Was ist los«*****?

– Willst du mit uns zur Rampe mitkommen?

– Ich kann mitgehen.

---

*   Im Original auf Deutsch.
**   Im Original auf Deutsch.
***   Im Original auf Deutsch.
****   Im Original auf Franz.: »Geht, geht, schnell, schnell!«
***** Im Original auf Deutsch.

– Dann los, hol dein Sakko! Es fehlen ein paar Leute, ich habe mit Kapo gesprochen – und er schubste mich aus dem Block.

Wir stellten uns in einer Reihe auf, jemand notierte unsere Nummern, jemand schrie an der Spitze »Marsch, Marsch« und wir liefen zum Tor hin, begleitet vom Jubel der mehrsprachigen Menge, die bereits unter Schlägen mit dem Ochsenziemer in die Blocks getrieben worden war. Nicht jeder darf zur Rampe mitgehen … Leute wurden schon verabschiedet, wir waren schon am Tor. – »Links, zwei, drei, vier! Mütze ab!«* – kerzengrade, die Hände steif an den Hüften durchschreiten wir das Tor mit einem schwungvollen, federnden, fast anmutigen Schritt. Der verschlafene SS-Mann, der eine große Tafel in der Hand hält, zählt uns träge, indem er jeden Fünfer mit dem Finger in der Luft abhakt.

– »Hundert!«** – rief er, als der letzte ihn überholte.

– »Stimmt!«*** – rief jemand heiser an der Spitze.

Wir marschieren schnell, sind fast am Rennen. Jede Menge Wachposten, jung, mit Maschinengewehren. Wir passieren alle Abschnitte des Lagers II B: das unbewohnte Lager C, das tschechische, die Quarantäne, wir tauchen ein zwischen die Birnen- und Apfelbäume des »Truppenlazaretts«****; inmitten des fremden Grüns, als käme es vom Mond, obendrein seltsam üppig in diesen wenigen Tagen mit Sonnenschein, machen wir einen Bogen um irgendwelche Baracken, überqueren die Linie einer großen »Postenkette«*****, im Laufschritt erreichen wir die Straße – wir sind da. Ein paar Dutzend Meter weiter – eine Rampe zwischen den Bäumen.

---

*   Im Original auf Deutsch.
**   Im Original auf Deutsch.
*** Im Original auf Deutsch.
**** Im Original auf Deutsch.
***** Im Original postenketta, Lagerjargon, s. Glossar.

Es war dies eine idyllische Rampe, wie so eine an verlorenen Provinzbahnhöfen. Der Vorplatz, der vom Grün hoher Bäume umrahmt war, war mit Schotter bedeckt. An der Seite, direkt an der Straße, hockte eine winzige Holzhütte, hässlicher und schäbiger als der hässlichste und schäbigste Bahnhofsschuppen, weiter weg lagen riesige Stapel von Schienen, Eisenbahnschwellen, Bohlen, Barackenteilen, Ziegeln, Steinen, Brunnenringen. Von hier aus werden die Waren für Birkenau verladen: Material zum Ausbau des Lagers und Leute zum Gas. Ein normaler Arbeitstag: Fahrzeuge fahren vor, sie nehmen Bretter, Zement, Leute mit …

Wachposten stellen sich auf den Gleisen auf, auf den Balken, unter dem Schatten der schlesischen Kastanien, sie umschließen die Rampe in einem engen Kreis. Sie wischen sich den Schweiß von der Stirn, trinken aus ihren Feldflaschen. Die Hitze ist immens, die Sonne steht still im Zenit. – Verteilt euch! – Wir setzen uns in die Schattenfetzen in der Nähe der Gleise. Hungrige Griechen (weiß der Teufel, wie sie in diese Gruppe hineingeraten sind) schnüffeln an den Gleisen herum, jemand findet Konserven, verschimmelte Brötchen, nicht zu Ende gegessene Sardinen. Sie essen.

– »Schweinedreck!«* – spuckt ein junger, hochgewachsener Wachmann mit buschigem falben Haar und einem blauen, verträumten Blick auf sie – ihr werdet doch gleich so viel zu fressen haben, dass ihr es nicht schafft, alles aufzufressen. Ihr werdet für lange Zeit genug haben. – Er brachte sein Maschinengewehr wieder in Stellung und wischte sich das Gesicht mit einem Taschentuch ab.

– Das ist so ein Dreckspöbel – bestätigen wir unisono.

---

*   Im Original auf Deutsch.

– Du, Dicker – der Stiefel des Wachmanns berührt leicht Henris Nacken. – »Pass mal auf«*, hast du Durst?

– Ja, aber ich habe keine einzige Mark – antwortete der Franzose gekonnt.

– »Schade«**.

– Aber »Herr Posten«***, hat mein Wort keine Bedeutung mehr? Hat »Herr Posten« niemals mit mir gehandelt? »Wie viel«?

– Einhundert. »Gemacht«****?

– »Gemacht«.

Wir trinken das Wasser, das fade und geschmacklos ist, auf das Geldkonto und auf Leute, die noch nicht angekommen sind.

– Du, sei vorsichtig – sagt der Franzose und wirft die leere Flasche weg, sodass sie irgendwo weiter unten auf den Schienen zerbricht – nimm kein Geld mit, da es eine Durchsuchung geben kann. Außerdem: Wozu überhaupt brauchst du Geld? Man hat doch genug zu essen. Nimm auch keine Kleidung mit, weil man dann dich verdächtigt, dass du weglaufen möchtest. Nimm ein Hemd mit, aber nur aus Seide und mit einem Kragen. Darunter ein Unterhemd. Und wenn du etwas zu trinken findest, rufe nicht nach mir. Ich schaffe das schon, und pass auf, dass du keine Prügel bekommst.

– Schlagen sie?

– Das ist ja wohl klar. Du musst Augen im Rücken haben. »Arschaugen«*****.

Um uns herum sitzen die Griechen, bewegen ihre Unterkiefer gierig wie riesige, unmenschliche Insekten und kauen gefräßig

---

*   Im Original auf Deutsch.
**   Im Original auf Deutsch.
***   Im Original auf Deutsch.
****   Im Original auf Deutsch.
*****   Im Original auf Deutsch.

auf verfaulten Brotbrocken herum. Die ganze Sache hat sie ganz schön in Beschlag genommen, sie wissen nicht, was sie tun werden. Die Balken und Schienen machen ihnen Sorgen. Sie hassen das Schleppen.

– »Was arbeiten wir?«* – fragen sie.

– »Niks. Transport kommen, alles krematorium, compris?«**

– »Alles verstehen«*** – antworten sie im Krematoriumsesperanto. Sie beruhigen sich: Sie werden keine Schienen auf Fahrzeuge laden noch Balken tragen.

In der Zwischenzeit wurde die Rampe immer belebter und voller. Die »Vorarbeiter«**** teilten unter sich die Gruppen ein, indem sie die einen mit dem Öffnen und Entladen der Waggons beauftragten, die anderen zu den hölzernen Treppen schickten und ihnen den Zweck dieser Aktion erklärten. Es handelte sich um tragbare, bequeme, breite Treppen, die man für den Eingang zu einer Tribüne benutzen könnte.

Motorräder fuhren surrend vor und brachten mit silbernen Auszeichnungen behangene SS-Unteroffiziere, stämmige, fettgefressene Männer mit polierten Offiziersstiefeln und glänzenden, rüpelhaften Fressen. Einige kamen mit Aktenkoffern, andere hatten biegsame Rohrstöcke dabei. Dies unterstrich den Dienstcharakter ihres Auftretens und verlieh ihnen ein adrettes Aussehen. Sie betraten die Kantine, denn diese karge Baracke war ihre Kantine, wo sie im Sommer das Mineralwasser »Sudetenquelle« tranken und im Winter sich mit Glühwein wärmten, sich nach römischer Manier mit ausgestrecktem Arm begrüßten und dann herzlich die rechte Hand schüttelten, sich anlächelten,

---

*   Im Original auf Deutsch.
**   Im Original so im Auschwitz-Esperanto.
***   Im Original so.
****   Im Original auf Deutsch.

über Briefe, Neuigkeiten von Zuhause, Kinder sprachen, sich gegenseitig Fotos zeigten. Einige schlenderten betont aufrecht über den Platz, der Kies und die Schuhe knirschten, silberne Quadrate glitzerten an ihren Kragen, und die Bambusstöcke zischten ungeduldig.

Die bunt gestreifte Menge ruhte sich in den schmalen Schattenstreifen der Gleise aus, atmete schwer und unregelmäßig, palaverte in ihrer Sprache, blickte träge und gleichgültig auf die majestätischen Menschen in grünen Uniformen, auf das Grün der Bäume, für sie nah und unerreichbar zugleich, auf den Kirchturm der fernen Kirche, in der gerade das Angelusläuten zum verspäteten Gebet rief.

– Der Transport kommt – sagte einer, und alle erhoben sich erwartungsvoll. Hinter der Kurve kamen die Güterwaggons hervor, der Zug schob sich rückwärts, der im Bremshäuschen* stehende Eisenbahner lehnte sich hinaus, schwang den Arm, begann zu pfeifen. Die Lokomotive pfiff schrill zurück, schnaufte, der Zug rollte langsam durch den Bahnhof. In den kleinen vergitterten Fenstern konnte man die Gesichter der Menschen sehen, blass, faltig, als wären sie unausgeschlafen, zerzaust – entsetzte Frauen, Männer, die, was exotisch war, Haare hatten. Sie fuhren langsam vorbei und betrachteten schweigend den Bahnhof. Dann begann im Inneren der Waggons etwas zu brodeln und gegen die Holzwände zu poltern.

– Wasser! Luft! – brachen dumpfe, verzweifelte Schreie aus. In den Fenstern sah man die Gesichter der Menschen, deren Münder verzweifelt nach Luft schnappten. Nachdem sie ein paar Züge Luft geschöpft hatten, verschwanden die Menschen in den Fenstern, andere nahmen ihren Platz ein und verschwanden auf

---

* Im Original brek aus dem Engl.

dieselbe Weise. Die Schreie und das Geröchel wurden immer lauter.

Der Mann in der grünen Uniform, der mit noch mehr Silber behangen war als die anderen, verzog angewidert die Lippen. Er nahm einen Zug von seiner Zigarette, warf sie dann mit einer abrupten Bewegung weg, verlegte seine Aktentasche von rechts nach links und nickte dem Wachposten zu. Dieser nahm das Maschinengewehr langsam von der Schulter, legte es an und feuerte eine Salve auf mehrere Waggons. Es wurde still. In der Zwischenzeit fuhren die Lastwagen vor, Hocker wurden untergestellt, Wachen verteilten sich fachmännisch vor den Waggons. Der Riese mit der Aktentasche winkte mit der Hand.

– Wer Gold oder etwas anderes, was nicht zum Verzehr bestimmt ist, an sich nimmt, wird als Dieb von Reichseigentum erschossen. »Verstanden?«[*]

– »Jawohl!«[**] – wurde ihm von diesem und jenem zurückgerufen, durchaus wohlwollend.

– »Also loos!«[***] An die Arbeit!

Die Verschlussriegel klirrten, die Waggons wurden geöffnet. Eine Welle frischer Luft drang in sie ein und traf die Menschen so, wie wenn eine Rauchwolke hereingeflogen wäre. Bis aufs Unerträglichste zusammengedrängt, von einer ungeheuren Menge an Gepäck, Koffern, Rucksäcken, Beuteln aller Art (denn sie führten mit sich all das, was ihr bisheriges Leben ausgemacht hatte, womit aber in der Zukunft ihr Leben auch neu beginnen sollte) erdrückt, hockten sie in schrecklicher Enge auf einem Haufen, fielen vor Hitze in Ohnmacht, erstickten und nah-

---

[*]   Im Original auf Deutsch.
[**]   Im Original auf Deutsch.
[***]   Im Original auf Deutsch.

men anderen Luft. Nun drängten sie sich an der offenen Tür, hechelnd wie Fische, die an den Sand geworfen wurden.

– Achtung: Aussteigen zusammen mit allen Sachen. Alles mitnehmen. Alle Klamotten auf einen Haufen neben dem Waggon legen. Mäntel abgeben. Es ist Sommer. Dann nach links marschieren. Verstanden?

– Mein Herr, was soll bloß aus uns werden? – Einige springen bereits auf den Kies, unruhig, zittrig.

– Wo kommt ihr her?

– Sosnowiec, Będzin. Mein Herr, was wird geschehen? – wiederholen sie hartnäckig ihre Frage und blicken inbrünstig in die fremden müden Augen.

– Ich weiß es nicht, ich verstehe kein Polnisch.

Es ist das Gesetz des Lagers, dass Menschen, die in den Tod gehen, bis zum letzten Moment betrogen werden. Und es ist die einzige akzeptable Form von Barmherzigkeit. Eine enorme Hitze. Die Sonne hat ihren Zenit erreicht, der glühende Himmel bebt, die Luft schlägt Wellen, der Wind, der manchmal durch uns weht, ist brühend flüssige Luft. Die Lippen sind bereits aufgesprungen, man spürt schon den salzigen Blutgeschmack im Mund. Vom langen Liegen in der Sonne wird der Körper schwach und willenlos. Trinken, och, trinken.

Eine bunte Welle ergießt sich aus dem Waggon, schwer bepackt, sie ähnelt einem verwirrten blinden Fluss, der ein neues Flussbett sucht. Doch bevor sie sich besinnen und ihrer Lage gewahr werden, von der frischen Luft und dem Duft des Grüns erschlagen, werden ihnen schon die Bündel aus den Händen gerissen, die Mäntel abgezogen, den Frauen die Handtaschen entrissen und die Regenschirme abgenommen.

– Mein Herr, mein Herr, aber das ist gegen die Sonne, ich kann nicht …

– »Verboten«* – wird durch die Zähne gebellt und laut ge-
zischt.

Hinter dem Rücken steht ein SS-Mann, ruhig, gelassen, fach-
kundig.

– »Meine Herrschaften«**, meine Damen und Herren, werfen Sie nicht Ihr ganzes Zeug durcheinander. Man muss ein wenig guten Willen zeigen. – Er spricht gutmütig, aber der dünne
Rohrstock biegt sich nervös in seinen Händen.

– So ist es, so ist es – antworten sie im Vorbeigehen einstim-
mig und laufen dann fröhlicher an den Waggons entlang weiter.
Eine Frau bückt sich schnell und hebt ihre Handtasche auf. Ein
Rohrstock schwirrte plötzlich, die Frau stieß einen Schrei aus,
stolperte und fiel der Menge vor die Füße. Ein Kind rannte hinter ihr her und quietschte:

»Mamele!«*** – so ein kleines, zerzaustes Mädchen …
Der Haufen mit den mitgebrachten Sachen wächst und
wächst, Koffer, Muffe, Rucksäcke, Decken, Kleider, Taschen, die
sich öffnen, wenn sie herunterfallen, und buntscheckige, regen-
bogenfarbene Geldscheine, Gold und Uhren ausspucken; vor
den Waggontüren türmen sich Brotstapel und Einweckgläser
mit farbenprächtigen Marmeladen und Konfitüren; Schinken
und Würste quellen über; Zucker wird über den ganzen Kies
verstreut. Die mit Menschen vollgepackten Fahrzeuge fahren
mit einem höllischen Brummen davon, inmitten des Wehkla-
gens und des Geschreis von Frauen, die um ihre Kinder trauern,
und inmitten des verblödenden Schweigens von Männern, die
plötzlich allein sind. Das sind diejenigen, die nach rechts gegangen sind – die jungen und gesunden: Die werden ins Lager

---

*   Im Original auf Deutsch.
**   Im Original auf Deutsch.
***   Jiddisch für Mütterchen, poln.: mateczka.

gehen. Dem Gas werden sie zwar nicht entkommen, aber zuerst werden sie ein wenig arbeiten.

Die Fahrzeuge fahren weg und kommen wieder zurück, wie auf einem ungeheuren Fließband. Ohne Unterbrechung fährt ein Krankenwagen des Roten Kreuzes hin und her. Das riesige blutige Kreuz, auf der Motorhaube aufgemalt, schmilzt in der Sonne. Unermüdlich fährt der Krankenwagen des Roten Kreuzes hin und her: Er transportiert das Gas, das Gas, mit dem sie diese Menschen vergiften.

Die aus dem »Kanada«-Lager, die an der Treppe stehen, können keine Verschnaufpause einlegen; sie trennen diejenigen, die ins Gas gehen, von denen, die ins Lager kommen; die ersteren schieben sie auf die Treppe hinaus und stopfen sie anschließend in ein Fahrzeug, in jedes sechzig Personen, so plus-minus.

An der Seite steht ein junger, glatt rasierter Herr, ein SS-Mann mit einem Notizblock in der Hand; jedes Fahrzeug ist ein Strich, und wenn sechzehn von ihnen weggefahren sind, sind das tausend Personen, so plus-minus. Der feine Herr ist besonnen und präzise. Kein Fahrzeug fährt ohne sein Wissen und seinen Strich weg: »Ordnung muss sein.«* Die Striche schwellen zu Tausenden an, Tausende zu ganzen Transporten, die kurz erwähnt werden: »Aus Thessaloniki«, »aus Straßburg«, »aus Rotterdam«. Diesen wird man bereits als »aus Będzin« bezeichnen. Aber dauerhaft wird er den Namen »aus Będzin-Sosnowiec« erhalten. Diejenigen, die von diesem Transport ins Lager gehen, bekommen die Nummern: 131 – 132. Es versteht sich von selbst, dass es um Tausende geht, aber man wird die Abkürzung benutzen und es genau so sagen: »131 – 132.«

---

*   Im Original auf Deutsch.

Die Transporte wachsen in Wochen, Monaten, Jahren. Wenn der Krieg vorbei ist, werden sie die Verbrannten zählen. Sie werden viereinhalb Millionen zählen. Die blutigste Schlacht des Krieges, der größte Sieg eines solidarischen und geeinten Deutschlands. »Ein Reich, ein Volk, ein Führer«* – und vier Krematorien. Aber in Auschwitz wird es sechzehn Krematorien geben, die fünfzigtausend pro Tag verbrennen können. Das Lager wird sich ausdehnen, bis es mit seinem elektrischen Draht an die Weichsel grenzt, und es werden dreihunderttausend Menschen in gestreiften Uniformen das Lager bewohnen, das den Namen »Verbrecher-Stadt« tragen wird. Nein, natürlich wird es keinen Mangel an Menschen geben. Verbrennen die Juden, verbrennen die Polen, verbrennen die Russen, werden Menschen aus dem Westen und dem Süden, vom Festland und von den Inseln kommen. Menschen in gestreiften Uniformen werden kommen, sie werden die zerstörten deutschen Städte wieder aufbauen, das brachliegende Land pflügen, und wenn sie in unbarmherziger Arbeit, in ewiger »Bewegung, Bewegung!«**, schwach werden – werden sich die Türen der Gaskammern öffnen. Die Kammern werden verbessert, sparsamer und raffinierter getarnt sein. Sie werden wie die in Dresden sein, über die bereits überall Legenden kursieren.

Die Güterwaggons sind nun alle geleert worden. Der hagere, mit Pocken übersäte SS-Mann schaut ruhig hinein, nickt angewidert, wirft einen Blick auf uns und deutet auf den Innenraum der Waggons.

– »Rein.«*** Sauber machen!

---

* Im Original auf Deutsch.
** Im Original auf Deutsch.
*** Im Original auf Deutsch.

Man springt hinein. Verstreut in den Ecken zwischen dem menschlichen Kot und verlorenen Armbanduhren liegen erstickte, zertrampelte Säuglinge, nackte Ungeheuer mit riesigen Köpfen und aufgeblähten Bäuchen. Man bringt sie wie Hühner hinaus, man hält ein paar von ihnen in einer Hand.

– Bring sie bloß nicht zum Fahrzeug. Gib sie den Frauen – sagt der SS-Mann und zündet sich eine Zigarette an. Sein Feuerzeug klemmt immer wieder, und das beschäftigt ihn sehr.

– Nehmt diese Babys mit, um Gottes willen – explodiere ich, weil die Frauen entsetzt vor mir weglaufen und den Kopf einziehen.

Unnötigerweise, was seltsam ist, fällt der Name Gottes, denn die Frauen mit Kindern laufen zu den Fahrzeugen, ausnahmslos alle. Wir alle wissen sehr wohl, was das bedeutet, und schauen einander mit Hass und Entsetzen an.

– Was, willst du die nicht mitnehmen? – sagte der pockennarbige SS-Mann überrascht und vorwurfsvoll und nestelte an seinem Revolver herum.

– Man muss nicht schießen, ich nehme sie mit.

Die grauhaarige, hochgewachsene Frau nahm mir die Babys ab und sah mir einen Moment lang direkt in die Augen.

– Ein Kind, ein Kind – flüsterte sie und lächelte. Sie ging weg und stolperte über den Kies.

Ich lehnte mich gegen die Wand des Waggons. Ich war sehr müde. Jemand zerrt an meinem Arm.

– Komm mit, ich gebe dir was zu trinken. Du siehst aus, als müsstest du gleich kotzen. »En avant«*, zu den Gleisen, komm schon!

---

* Franz. für vorwärts.

Ich schaue genauer hin, das Gesicht springt vor meinen Augen hin und her, löst sich auf, verschmilzt – riesig, durchsichtig – mit den Bäumen – man weiß nicht, warum sie schwarz sind – und mit der überquellenden Menschenmenge … Ich blinzle heftig mit den Augenlidern: Henri.

– Hör mal, Henri, sind wir gute Leute?

– Warum fragst du so dumm?

– Weißt du, mein Freund, in mir steigt eine völlig unverständliche Wut auf diese Menschen auf, dass ich ihretwegen hier sein muss. Ich habe überhaupt kein Mitleid mit ihnen, dass sie ins Gas gehen. Ich wünschte, die Erde würde sich unter ihnen allen teilen. Dann würde ich mich mit meinen Fäusten auf sie stürzen. Das ist doch pathologisch, ich kann das wirklich nicht verstehen.

– Oh, im Gegenteil, das ist normal, so vorgesehen und miteinberechnet. Fängt die Rampe an, dich zu quälen, rebelliert man, und dann ist es am einfachsten, dass du deine Wut an einer schwächeren Person lässt. Es ist sogar wünschenswert, dass du sie auslässt. Das Ganze so nach gesundem Menschenverstand erklärt, »compris«? – sagt der Franzose leicht ironisch und macht es sich bei den Gleisen bequem. – Schau dir die Griechen an, die wissen, wie man die Gelegenheit nutzt! Sie fressen alles, was in ihre Hände gelangt; in meiner Gegenwart hat einer ein ganzes Glas Marmelade gegessen.

– Dreckspöbel. Morgen wird die Hälfte von ihnen an Dünnschiss sterben.

– Dreckspöbel? Du warst auch mal hungrig.

– Schweine – wiederhole ich mit Nachdruck. Ich schließe die Augen, höre die Schreie, spüre die Erde beben und die schwüle Luft auf meinen Augenlidern. Meine Kehle ist völlig trocken.

***

Die Leute strömen hinein und hinaus, Fahrzeuge knurren wie gereizte Hunde. Vor meinen Augen werden Leichen aus den Waggons gezogen, totgetrampelte Kinder, Krüppel, die zusammen mit Toten gestapelt werden, und eine Menge, eine Menge, eine Menge … Die Waggons rollen an, die Stapel von Lumpen, Koffern und Rucksäcken wachsen stetig, die Leute steigen aus, schauen in die Sonne, atmen, betteln um Wasser, klettern auf die Fahrzeuge, fahren weg. Wieder nähern sich die Waggons, wieder die Leute … Ich fühle, wie sich Bilder in mir miteinander mischen, ich weiß nicht, ob das alles wirklich passiert oder ob ich träume. Plötzlich sehe ich das Grün von ein paar Bäumen, die sich zusammen mit der ganzen Straße und der farbenprächtigen Menschenmenge wiegen, aber – das sind die Alleen! Mir brummt der Kopf, ich habe das Gefühl, ich muss mich gleich übergeben. Henri zerrt an meinem Arm.

– Schlaf nicht ein, wir laden jetzt die ganzen Klamotten auf.

Es gibt jetzt keine Leute mehr. Die letzten Fahrzeuge gleiten weit entfernt über die Straße und wirbeln riesige Staubwolken auf, der Zug ist abgefahren, SS-Männer mit silbern glänzenden Kragen schreiten würdevoll die verlassene Rampe entlang. Auf Hochglanz gebrachte Schuhe glitzern, aufgeschwemmte Gesichter leuchten rot. Unter ihnen ist auch eine Frau, und erst jetzt wird mir bewusst, dass sie schon die ganze Zeit hier war, verschrumpelt, ohne Brüste, knochig. Ihr dünnes, farbloses Haar ist glatt zurückgekämmt und zu einem »nordischen« Knoten gebunden, ihre Hände stecken in einem weiten Hosenrock. Sie läuft auf der Rampe von Ecke zu Ecke mit einem an ihre trockenen Lippen geklebten, unerbittlichen Lächeln einer Ratte. Sie hasst die weibliche Schönheit mit dem Hass einer Frau, die ekelhaft ist und sich dessen zugleich bewusst ist. Ja, ich habe sie mehr als einmal gesehen und erinnere mich gut an sie: Sie ist die Kommandantin des FKL, und sie ist gekommen, um sich ihre Anschaffung anzusehen, denn ein Teil der Frauen wurde von den Fahrzeugen weggeholt und diese Frauen werden nun zu Fuß gehen – zum Lager. Unsere Jungs, die Friseure von der »zauna«, werden ihnen die Haare komplett abrasieren und viel Spaß mit ihrer eigenen Scham vor all der Nacktheit haben.

Also laden wir die Klamotten und Bündel auf. Wir schleppen die schweren, geräumigen, vollen Koffer und werfen sie mühsam auf die Fahrzeuge. Dort stapeln wir sie, stopfen sie tiefer hinein, schieben sie, schneiden mit dem Messer alles, was sich schneiden lässt – zum Vergnügen und auf der Suche nach Wodka und Parfüm, was man beides direkt über sich selbst gießt. Einer der Koffer geht auf, Kleidung, Hemden und Bücher fallen heraus … Ich schnappe mir auch ein kleines Bündel: ein schweres; ich rolle es aus – Gold, zwei Handvoll: Umschläge, Armbänder, Ringe, Halsketten, Edelsteine …

– »Gib hier«* – sagt der SS-Mann ruhig und hält mir eine geöffnete Aktentasche voller Gold und bunter Geldscheine hin. Er schließt sie, gibt sie dem Beamten zurück, nimmt eine andere, eine leere, und lauert bei einem anderen Fahrzeug. Dieses Gold wird an das Reich gehen.

Die Hitze, eine ungeheure Hitze. Die Luft steht in einer regungslosen, glühenden Säule. Die Kehle ist trocken, jedes gesprochene Wort schmerzt. Och, trinken. Fieberhaft, nur um noch schneller zu werden, nur um in den Schatten zu gelangen, nur um sich endlich auszuruhen. Wir sind mit dem Beladen fertig, die letzten Fahrzeuge fahren ab, wir sammeln sorgfältig alle Zettel von den Gleisen ein, wir graben den fremden Transportdreck aus dem feinen Kies aus, »damit keine Spur von die-

---

*   Im Original auf Deutsch.

ser Abscheulichkeit hier bleibt«, und als der letzte LKW hinter den Bäumen verschwindet und wir – endlich! – in Richtung der Gleise gehen, um uns auszuruhen und etwas zu trinken (vielleicht kauft der Franzose wieder was beim Wachposten?), ertönt hinter der Kurve die Pfeife eines Eisenbahners. Langsam, sehr langsam rollen wieder Güterwaggons ein, die Lok pfeift schrill zurück, aus den Fenstern schauen zerknitterte und blasse Gesichter, flache Gesichter – wie aus Papier geschnitten – mit großen, fiebrig glühenden Augen. Schon sind die Fahrzeuge wieder da, schon ist ein ruhiger Herr mit einem Notizblock da, schon kommen aus der Kantine die SS-Männer mit Aktenkoffern für Gold und Geld. Wir öffnen die Waggons.

Nein, du kannst dich nicht mehr beherrschen. Koffer werden den Menschen gewaltsam aus den Händen gerissen, Mäntel im Gezerre ausgezogen. Los, los, geht vorbei, sie gehen vorbei. Männer, Frauen, Kinder. Einige von ihnen wissend.

Hier zum Beispiel geht eine Frau schnell, sie ist ein wenig in Eile, in fieberhafter Eile. Ein kleines, wenige Jahre altes Kind mit einem errötenden, pausbäckigen Gesicht rennt hinter ihr her, kann nicht mithalten, streckt weinend die Arme aus:

– Mama, Mama!

– Weib, nimm dieses Kind in deine Arme!

– Mein Herr, mein Herr, es ist nicht mein Kind, es ist nicht meins! – schreit die Frau hysterisch und rennt davon, wobei sie ihr Gesicht mit den Händen bedeckt. Sie will sich verstecken, sie will zu denen gehören, die nicht mit den Fahrzeugen fahren, sondern zu Fuß gehen werden, die leben werden. Sie ist jung, gesund, hübsch, sie will leben.

Doch das Kind rennt hinter ihr her und beschwert sich lautstark:

– Mama, Mama, lauf nicht weg!

– Es ist nicht meins, nicht meins, nein! ….

Bis Andrej, ein Seemann aus Sewastopol, sie sich schnappte. Seine Augen waren vom Wodka und von der Hitze getrübt. Er schnappte sie sich, holte sie mit einem schwungvollen Schlag seines Arms von den Füßen, packte sie beim Hinfallen an den Haaren und hob sie wieder hoch. Sein Gesicht war vor Wut verzerrt:

– »Ach, du, jebu twoju mat', blad jewrejskaja!«* Du läufst vor deinem eigenen Kind weg! »Ja tobie dam!«**, du Hure! – Er packte sie, drückte ihr mit seiner Pfote die Kehle zu, da sie losschreien wollte, und warf die Frau wie einen schweren Sack Getreide mit einem Schwung auf das Fahrzeug.

– Hier! Nimm auch das mit! Du Hure! – und schleuderte ihr das Kind vor ihre Füße.

– Gut gemacht, so bestraft man die Rabenmütter – sagte der SS-Mann neben dem Fahrzeug. – Gut, gut, Russki.

– »Moltschi!«*** – knurrte Andrej durch die Zähne und ging zu den Waggons. Unter einem Haufen Lumpen zog er eine versteckte Feldflasche hervor, schraubte sie auf und setzte sie an seine Lippen, dann an meine. Der Spiritus brennt in meiner Kehle. Mein Kopf brummt, meine Beine knicken ein, mir wird schlecht, ich will mich übergeben.

Plötzlich tauchte aus dieser Menschenwelle, die wie ein von einer unsichtbaren Kraft getriebener Fluss blindlings auf die Fahrzeuge zusteuerte, ein Mädchen auf, sprang behende vom Waggon auf den Kies und sah sich prüfend um, wie jemand, der sich über etwas sehr wundert.

---

*   Russ. für: »Ach, du, fick deine Mutter, du jüdische Hure!«
**   Russ. für: »Ich zeig´s dir!«
***   Russ. für »Schweig!«

Ihr üppiges helles Haar fiel in einer sanften Welle über ihre Schultern, sie schüttelte es ungeduldig. Reflexartig fuhr sie sich mit den Händen glättend über die Bluse, zog ihren Rock leicht zurecht. Sie stand einen Moment lang so da. Schließlich riss sie ihren Blick von der Menge los und ließ ihn über unsere Gesichter gleiten, als würde sie jemanden suchen. Unbewusst aber suchte ich ihren Blick und unsere Augen trafen sich.

– Hör zu, hör zu, sag mir, wohin bringen sie uns?

Ich sah sie mir an. Vor mir steht also ein Mädchen mit schönem blonden Haar, mit schönen Brüsten, in einer Sommerbluse aus Batist, mit einem klugen reifen Blick. Sie steht da, sieht mir direkt ins Gesicht und wartet. Hier ist die Gaskammer: ein gemeinsamer Tod, abscheulich und ekelhaft. Hier ist das Lager: mit kahlgeschorenem Kopf, wattierten sowjetischen Hosen in der Sommerhitze, dem üblen, ekelerregenden Geruch von schmutzigem, zum Brühen gebrachten Frauenfleisch, tierischem Hunger, unmenschlicher Arbeit und der Gaskammer, nur dass der Tod noch abscheulicher, noch ekliger, noch schrecklicher ist. Wer einmal hier eingetreten ist – nichts, nicht einmal seine Asche wird zu der Wachpostenkette hinausgetragen – wird nicht mehr in jenes Leben zurückkehren.

»Warum hat sie das mitgebracht, man wird es ihr doch sowieso wegnehmen« – dachte ich unwillkürlich und bemerkte an meinem Handgelenk eine hübsche Uhr mit einem winzigen Goldarmband. Eine ähnliche, fast die gleiche, hat mal meine Tuśka gehabt, nur an einem schwarzen schmalen Band.

– Hör mal, antworte mir.

Ich schwieg. Sie presste ihre Lippen aufeinander.

– Ich weiß schon – sagte sie mit einem Anflug von herrschaftlicher Verachtung in der Stimme und warf den Kopf zurück; sie ging mutig auf die Fahrzeuge zu. Einer versuchte sie aufzuhalten, aber sie schob ihn beherzt zur Seite und rannte die Treppe hinauf zu dem nun fast vollbesetzten Fahrzeug. Alles, was ich aus der Ferne sah, war ihr üppiges, blondes Haar, das in der Eile aufgewirbelt wurde.

Ich kletterte in die Waggons, trug Säuglinge hinaus, schmiss Gepäck nach draußen. Ich berührte die Leichen, konnte aber die wilde, in mir aufsteigende Angst nicht überwinden. Ich rannte vor ihnen weg, aber sie lagen überall: in Reihen auf dem Schotter, auf der Zementkante des Bahnsteigs, in den Güterwaggons. Babys, hässliche nackte Frauen, schmerzgekrümmte Männer. Ich renne so weit weg, wie möglich. Jemand zieht mir einen Rohrstock über den Rücken, aus dem Augenwinkel sehe ich einen SS-Mann fluchen, ich entkomme ihm und mische mich unter eine Gruppe des gestreiften »Kanada«-Lagers. Endlich komme ich wieder zu den Gleisen. Die Sonne hat sich tief dem Horizont entgegengeneigt und die Rampe in ein blutiges, untergehendes Licht getaucht. Die Schatten der Bäume wurden gespenstisch länger, die menschlichen Schreie schlugen lauter und aufdringlicher zum Himmel.

Erst von hier aus, von vor den Gleisen, konnte man das ganze Inferno der brodelnden Rampe sehen. Da war ein Menschenpaar zu Boden gestürzt, miteinander verflochten in verzweifelter Umarmung. Er hatte seine Finger in ihren Körper gekrallt, mit seinen Zähnen ihre Kleidung geschnappt. Sie schreit hysterisch, flucht, lästert, bis sie, von einem Schuh erdrückt, zu röcheln anfängt, um dann zu verstummen. Sie spalten die beiden wie einen Baum und treiben sie wie Vieh zu den Fahrzeugen. Da sind vier Häftlinge aus »Kanada«, die eine Leiche tragen: eine riesige, geschwollene Frau. Sie fluchen und schwitzen vor Anstrengung, mit Fußtritten verjagen sie die verirrten Kinder, die sich in allen Ecken der Rampe herumtreiben und fürchterlich heulen wie Hunde. Sie packen sie am Nacken, an den Köpfen, an den Händen und werfen sie auf einen Haufen, auf die Lastwagen. Und die vier Typen da schaffen es nicht, das fette Weib auf das Fahrzeug zu hieven, sie rufen andere zur Hilfe und schieben den Fleischberg mit vereinten Kräften auf die Ladefläche. Von der ganzen Rampe werden die riesigen, geschwollenen, aufgequollenen Leichen zusammengetragen. Zwischen sie werden Krüppel, Gelähmte, Erstickte und Bewusstlose gestopft. Der Leichenberg brodelt, winselt, heult. Der Chauffeur startet den Motor und fährt los.

– »Halt! Halt!«* – schreit der SS-Mann aus der Ferne. – Halt, Halt, verdammt noch mal!

Sie schleppen einen alten Mann im Frack und mit einer Armbinde. Der alte Mann schlägt mit dem Kopf gegen den Kies, gegen die Steine, stöhnt und jammert unaufhörlich, monoton: »Ich will mit dem Herrn Kommandanten sprechen – chcę mówić z panem komendantem.«** Er wiederholt dies die ganze Zeit mit seniler Sturheit. Er wird aufs Fahrzeug geworfen, von einem Fuß zertrampelt und erdrückt, und trotzdem röchelt er weiter: »Ich will mit dem …«

– Mensch, beruhige dich doch endlich! – ruft ihm der junge SS-Mann zu und lacht laut – in einer halben Stunde wirst du mit dem allergrößten Kommandanten sprechen! Vergiss dann bloß nicht, ihm zu sagen: Heil Hitler!

Andere wiederum tragen ein Mädchen mit nur einem Bein; sie halten es an den Armen und an dem einen verbliebenen Bein fest. Tränen laufen über sein Gesicht, es flüstert traurig: »Meine Herren, es tut weh, es tut weh …« Sie schleudern es aufs Fahr-

---

*   Im Original auf Deutsch.

**   Im Original auf Deutsch, dann die polnische Übersetzung des Satzes.

zeug zwischen die Leichen. Es wird zusammen mit ihnen lebendig verbrennen.

Ein kühler und sternenklarer Abend bricht herein. Wir liegen bei den Gleisen, es ist ungemein ruhig. Auf hohen Masten brennen kümmerliche Lampen; jenseits des Lichtkreises breitet sich eine undurchdringliche Dunkelheit aus. Ein Schritt hinein, und schon verschwindet man auf immer. Aber die Augen der Wachposten schauen aufmerksam zu. Die Maschinengewehre sind schussbereit.

– Hast du die Schuhe gewechselt? – fragt Henri mich.

– Nein.

– Warum nicht?

– Mann, ich hab genug, absolut genug!

– Schon nach dem ersten Transport! Denk mal nach, ich – seit Weihnachten sind bestimmt eine Million Menschen durch meine Hände gegangen. Das Schlimmste sind die Transporte aus Paris: Man trifft immer Freunde.

– Und was sagst du ihnen?

– Dass sie jetzt baden gehen und wir uns später im Lager treffen werden. Und was würdest du sagen?

Ich schweige. Wir trinken Kaffee, mit Spiritus gemischt, jemand öffnet eine Dose Kakao und mischt ihn mit Zucker. Man schöpft ihn mit der Hand, der Kakao verklebt die Lippen. Dann wieder der Kaffee, wieder Spiritus.

– Henri, worauf warten wir noch?

– Es wird einen weiteren Transport geben. Aber man weiß es nicht so genau.

– Wenn er kommt, werde ich zum Entladen nicht hingehen. Ich schaffe es nicht.

– Es hat dich erwischt, was? Herrliches »Kanada«?! – Henri lächelt gutmütig und verschwindet in der Dunkelheit. Nach einer Weile kehrt er zurück.

– Gut. Pass nur auf, dass der SS-Mann dich nicht ertappt. Du wirst die ganze Zeit hier sitzen bleiben. Und ich besorge dir ein Paar Schuhe.

– Lass mich mit diesen Schuhen in Ruhe.

Ich möchte schlafen. Es ist tief in der Nacht.

Wieder »antreten«*, wieder der Transport. Aus der Dunkelheit tauchen die Güterwaggons auf, durchqueren einen Lichtstreifen und verschwinden wieder in der Düsternis. Die Rampe ist klein, aber der Lichtkreis ist noch kleiner. Wir werden einen nach dem anderen entladen. Irgendwo brummen Fahrzeuge, die gespenstisch schwarz an die Treppe heranfahren, ihre Scheinwerfer beleuchten die Bäume. »Wasser! Luft!«** Schon wieder das Gleiche, eine verspätete Vorführung desselben Films: Sie feuern eine Salve aus ihren Maschinengewehren ab, die Waggons beruhigen sich. Nur ein Mädchen lehnte sich mit ihrem halben Körper aus einem Waggonfenster und fiel, nachdem es das Gleichgewicht verloren hatte, auf den Kies. Einen Moment lang lag es betäubt da, dann richtete es sich endlich auf und begann, im Kreis zu laufen, immer schneller und schneller, wobei es steif mit den Armen wie bei Gymnastikübungen wedelte, laut nach Luft schnappte und monoton und piepsig heulte. Es war am Ersticken – und fiel in den Wahnsinn. Das geht auf die Nerven, also rannte ein SS-Mann auf das Mädchen zu und trat ihm mit seinem beschlagenen Schuh in den Rücken: Es brach zusammen. Er nagelte es mit dem Fuß fest, zog seinen Revolver heraus und schoss einmal und noch einmal: Es blieb liegen und trat eine Weile noch mit den Füßen gegen den Boden, bis es erstarrte. Jetzt begann man, die Waggons zu öffnen.

---

*   Im Original auf Deutsch.
**   Im Original auf Deutsch.

Ich war wieder bei den Waggons. Ein warmer süßer Geruch schlug mir entgegen. Ein Berg von Menschen füllte den Waggon halb voll, regungslos, ungeheuerlich chaotisch, aber immer noch dampfend.

– »Ausladen!«* – ertönte die Stimme eines SS-Mannes, der aus der Dunkelheit auftauchte. Über seiner Brust hing ein tragbarer Suchscheinwerfer. Er leuchtete damit in das Innere.

– Was steht ihr da so blöd rum? Entladen! – und er schwang den Rohrstock über meinen Rücken. Ich griff nach der Hand einer Leiche: Diese schloss sich krampfhaft um meine. Ich riss mich schreiend los und rannte weg. Mein Herz raste, schnürte mir die Kehle zu. Übelkeit packte mich sofort, als wollte sie mich zerquetschen. Ich erbrach mich und kauerte mich unter den Waggon. Taumelnd schlich ich mich zu den Gleisen durch.

Ich lag auf dem guten kühlen Eisen und träumte von der Rückkehr ins Lager, von der Pritsche, auf der es keine Strohmatratze gibt, von ein wenig Schlaf unter den Gefährten, die nachts nicht ins Gas gehen würden. Plötzlich erschien mir das Lager als eine Art Bucht des Friedens. Andauernd sterben andere, du selbst aber bist noch irgendwie am Leben, du hast etwas zus essen, du hast die Kraft zu arbeiten, du hast eine Heimat, ein Zuhause, eine Freundin …

Die Lichter flackern furchterregend, die Menschenwelle fließt endlos, trübe, fiebrig, verwirrt. Diesen Leuten kommt es vor, als würden sie im Lager ein neues Leben anfangen, und mental bereiten sie sich auf einen harten Existenzkampf vor. Sie wissen nicht, dass sie gleich sterben werden und dass sie das Gold, das Geld und den Schmuck, die sie vorsorglich in den Falten und Nähten ihrer Kleidung, in den Absätzen ihrer Schuhe, in den

---

*   Im Original auf Deutsch.

Schlupfwinkeln ihres Körpers versteckt haben – nicht mehr brauchen werden. Professionelle, routinierte Leute werden in ihren Eingeweiden herumwühlen, das Gold unter der Zunge hervorziehen, den Schmuck aus dem Uterus und dem After. Sie werden ihre Goldzähne herausreißen. Und die verschicken sie in dicht gepackten Kisten nach Berlin.

Die schwarzen Gestalten der SS-Männer gehen ruhig und gemessen hin und her. Ein Herr mit einem Notizblock in der Hand macht die letzten Striche, vervollständigt die Zahlen: fünfzehntausend.

Viele, viele Fahrzeuge sind zum Krematorium gefahren.

Sie kommen langsam zum Ende. Die auf der Rampe verstreuten Leichen werden vom letzten Fahrzeug mitgenommen, die Klamotten sind bereits verladen. »Kanada«, bepackt mit Brot, Marmelade und Zucker, nach Parfüm und sauberer Unterwäsche duftend, bereitet sich auf den Abmarsch vor. Der Kapo füllt noch den Teekessel mit Gold, Seide und schwarzem Kaffee, wird nun aber auch fertig. Das ist für die Wachmänner am Tor gedacht: Sie lassen das Kommando dann unkontrolliert durchlaufen. Einige Tage lang wird das Lager von diesem Transport leben: seinen Schinken und seine Wurst, seine Marmelade und sein Obst essen, seinen Wodka und Likör trinken, in seiner Unterwäsche herumlaufen, mit seinem Gold und seinen Bündeln handeln. Vieles werden Zivilisten aus dem Lager herausschaffen, nach Schlesien, nach Krakau und noch weiter. Sie werden Zigaretten, Eier, Wodka und Briefe von zu Hause mitbringen.

Einige Tage lang wird das Lager über den Transport »Sosnowiec-Będzin« sprechen. Es war ein guter, ein reicher Transport.

Als wir ins Lager zurückkehren, beginnen die Sterne zu verblassen, der Himmel tritt mehr und mehr zum Vorschein und hebt sich über uns in die Höhe, die Nacht wird heller. Es kündigt sich ein heiterer, ein heißer Tag an.

Aus den Krematorien steigen riesige Rauchsäulen auf, die sich hoch oben zu einem gigantischen, schwarzen Fluss vereinen, der sich ganz langsam über den Himmel von Birkenau wälzt und hinter den Wäldern in Richtung Trzebinia verschwindet. Der Sosnowiec-Transport wird gerade verbrannt.

Wir passieren eine SS-Einheit, die mit Maschinengewehren zur Wachablösung geht. Sie schreiten gleichmäßig, Mann an Mann, eine Masse, ein Wille.

– »Und morgen die ganze Welt …«* – singen sie aus voller Kehle.

– »Rechts ran!«** Nach rechts! – fällt ein Befehl an der Spitze. Wir räumen den Weg für sie.

---

*   Im Original auf Deutsch.
**   Im Original auf Deutsch.

Die Auschwitz-Begriffe

Glossar

Die Eigenart und die soziale Exotik des Milieus, die Vermischung vieler Sprachgruppen, die deutsche Amtssprache – all diese Faktoren trugen zur Entstehung einer eigentümlichen Lagersprache bei, die, ähnlich der Sprache des Widerstands, auf ihren Kodifikator wartet. Wir erklären daher die Bedeutung einiger in Auschwitz verwendeter Begriffe, die vielleicht das Verständnis bestimmter Partien des Textes erleichtern.*

ABGANG – eine Gruppe, die von einem Block in einen anderen Block, vom Krankenhaus ins Lager, vom Lager ins Krankenhaus zieht, auch eine einzelne Person. »Ein ›Abgang‹ von dreißig Personen hat heute unseren Block verlassen.« – »Wie viele ›Abgänge‹ habt ihr?«

ALTE NUMMER – eine niedrige Zahl, die einen alteingesessenen Häftling im Lager bezeichnet. Eine Quelle der Verehrung und der Wertschätzung durch andere alte Nummern wie auch durch junge Nummern, Häftlinge, die später im Lager angekommen

---

* Das von Tadeusz Borowski zusammengestellte Glossar wurde in das Buch: Janusz Nel Siedlecki, Krystyn Olszewski, Tadeusz Borowski, »Byliśmy w Oświęcimiu« (Wir waren in Auschwitz), Verlag: Oficyna Warszawska na obczyźnie (Warschauer Verlagshaus im Ausland), München 1946, aufgenommen. Nationale Ausgabe: MON (Nationales Verteidigungsministerium), Warschau 1958.

sind, dann auch »Millionäre« genannt. Besetzung der besten Lagerfunktionen, außergewöhnliche Fähigkeiten des Lagerlebens, Lagerpatriotismus. »Was wisst ihr Millionäre schon über das Lager! Fragt irgendeine alte Nummer (!), er kann euch sagen, was er erlebt hat.«

ANTRETEN – Appell. Das Lagerleben bestand aus zwei Momenten: wenn ein Häftling alleine ging und wenn er in einer Reihe ging. »Hörst du nicht, dass wir ›antreten‹ müssen?« »Wir gehen zum ›Antreten‹.«

APPELL – die abendliche Zählung des Personenbestands im Lager. Eine heilige, tägliche Tätigkeit. Auch des Bestands des Blocks oder Lagers beim Appell. »Gehen wir zum ›Appell‹!« »Stimmt der ›Appell‹?« – fragt der Blockälteste den Blockschreiber.

ARBEITSKOMMANDO – Arbeitsabteilung. Jeder Häftling wurde irgendeinem Kommando zugeteilt, abgesehen von denen, die im Bunker saßen oder im Krankenhaus lagen. »Wie läuft's denn in deinem neuen Kommando?« – »Ich muss das Kommando wechseln, weil ich es nicht aushalte.«

BLOCK – Lagerbaracke. Im sogenannten »Alten Auschwitz« handelte es sich um solide, von Häftlingen gebaute mehrstöckige Häuser. In Birkenau waren es fast ausnahmslos hölzerne Pferdebaracken. Jeder Häftling wurde einem bestimmten Block zugeteilt, vor dem er sich zum Appell aufstellen musste. Bestimmte Kommandos besetzten bestimmte Blocks. Die Prominenten schliefen in Blocks ihrer Wahl. »Raus aus dem Block zum Appell!« »Block sechs zum Entlausen!«

BLOCKÄLTESTER, BLOKOWY – ein Häftling, der Vorgesetzte im Block. Er sorgte für die Ordnung im Block, überwachte die Ausgabe von Essen, Paketen usw. Er war für die Durchführung der Appelle und deren Korrektheit verantwortlich. Andere gelegentliche Aufgaben: Suche nach entflohenen Häftlingen, Verhängung von Körperstrafen bei offiziellen Hinrichtungen usw. Umgeben vom Nimbus des Verbrecherischen (einige hatten mehrere Tausend Ermordete auf dem Gewissen) beschränkten sich die Blockältesten im Laufe der Zeit auf die bequeme Funktion, den Block gegenüber den SS-Männern zu vertreten, und überließen die eigentliche Macht den »Schreibern« und »Stubendiensten«. Berühmt waren die Blockältesten von der Quarantäne in Birkenau, meist Polen (z.B. Nr. 1825, Franek Karasiewicz).

BUKSA – oder Pritsche, eine zweistöckige Konstruktion zum Schlafen. In Ermangelung anderer Konstruktionen im Block (und des Platzes dafür) ein Ort, an dem alle menschlichen Aktivitäten (außer Ausscheidungen) erledigt werden: essen, Beseitigung von Läusen, Abkratzen vom Schlamm, Briefe nach Hause schreiben und – »Organisierung«. Das Erdgeschoss und das erste Stockwerk dieser Konstruktion ähnelten einer leicht schräg liegenden Schublade; man blieb in ihnen in einer liegenden Position. Ganz oben konnte man stehen, sitzen und Kleidung über die Balken hängen, daher wurde der obere Bereich von den sogenannten »besseren Gästen« bewohnt.

BUDA – Bude, kleine Zimmer für den Blockältesten und den Blockschreiber, die an der Vorderseite des Blocks gebaut waren. In der Regel vergleichsweise luxuriös ausgestattet. Der Zugang zu ihnen war den Blockinsassen natürlich nicht gestattet.

»Macht keinen Lärm, Muslime, der Blockälteste schläft schon in seiner ›Bude‹.«

BUNKER – ein Versteck, das von Gefangenen, die fliehen wollen, in den Boden gegraben wird. Auch eine Gefängniszelle aus Zement, in der ein Häftling, der im Lager wegen eines Verbrechens verhaftet wurde (Handel, eine gestohlene Decke auf dem Rücken gegen die Kälte, Fluchtversuch, illegaler Brief), wochen-, tage- und nächtelang stand und mit dem Nacken die Decke berührte. Auch ein Schutzposten für die Lagerwache, was die Engländer »Pillbox« nennen. »Wenn da nur ein Bunker wäre, könnte man fliehen.« – »Ja, aber wenn du erwischt wirst, ist dir der Bunker bombensicher.« – »Zumal sie um das Lager herum Bunker gebaut haben. Wie willst du die nachts überqueren?«

CYGAŃSKI – Zigeuner…, Zigeunerlager. Die in Auschwitz internierten Zigeuner aus ganz Europa verloren bald alle Rechte und den Anschein von Rechten der Internierten und fielen massenhaft dem Hunger, dem Schmutz, Krankheiten und der barbarischen Behandlung durch die SS-Männer und das Lagerpersonal zum Opfer. »Ich gehe ins Zigeuner(lager).« – »Es gibt nichts Besseres, Bruder, als das Zigeuner(lager)!«

CULAGA – Zulage, Nahrungsmittelhilfe für die arbeitenden Insassen. »Heute gibt's eine ›culaga‹, es wird leichter sein, bis morgen Mittag durchzuhalten.«

CYCLON – Zyklon, Gas, das in den Gaskammern verwendet wurde. Im Jahr 1944 wurde die einmalige Dosis aus Kostengründen reduziert. Der Tod dauerte dann nicht fünf Minuten, sondern, wie die Juden des sogenannten Sonderkommandos berichteten, fünfzehn bis fünfundzwanzig Minuten. Das Gas wurde von einem privaten deutschen Unternehmen hergestellt.

DAW – Deutsche Abrüstungswerke, ein schweres Kommando, das hauptsächlich mit der Zerlegung von über Deutschland abgeschossenen Flugzeugen beschäftigt war. Ein klassischer Ort für Fluchten. »Die Sirene heult, sicher ist wieder jemand aus den DAW geflohen.«

DURCHFALL – Durchfall, Ruhr. Eine klassische Lagerkrankheit, der Schrecken aller Häftlinge. In der überwiegenden Mehrheit der Fälle unbehandelt und unheilbar. Im Kampf gegen den »Durchfall« war jeder auf sich allein gestellt. Dieser Kampf ist eines der ungeschriebenen Epen von Auschwitz. »Trinke das Wasser nicht, sonst bekommst du ›Durchfall‹.« – »Für ›Durchfall‹ das beste Brot in Kohle gebacken«.

EFFEKTE – zu Anfang die Depots mit den privaten Gegenständen der Häftlinge. Später auch ein ganz separater Abschnitt des Lagers, in dessen Blocks die den Transporten ins Krematorium entnommenen Schätze lagen (und verrotteten). »Bring mir ein schönes Hemd mit, wenn du im ›Effektenlager‹ sein wirst.«

FUNKTION – eine gute Position im Lager (nicht im Kommando!), offiziell nicht unbedingt eine gute (»Pipel« im Block, Bote, »Fleger« im Krankenhaus usw.). »Der Bursche hat Glück, dass er die ›Funktion‹ bekommen hat.«

FLEGMONA – Phlegmone, eitrige Entzündung, die zweite klassische Auschwitz-Krankheit, qualifizierte ebenso wie der Durchfall viele Jahre lang Menschen für die Gaskammer.

FLEGER – ein Pfleger im Krankenhaus, entsprach mehr oder weniger der Funktion eines Mitarbeiters im Lager. »Herr ›Fleger‹, Wasser!« – »Der ›Fleger‹ ist wichtiger als der Arzt.«

FLECK – Flecktyphus, die dritte klassische Auschwitz-Krankheit. Bis zum vierten April 1943 wurden alle an ›Fleck‹ erkrankten Menschen rücksichtslos in die Gaskammer geschickt. In der Erinnerung vieler ist ›Fleck‹ mit der Person von Dr. Zenkteller verbunden, einem unermüdlichen Aufspürer von Läusen und Typhuskranken, die von Freunden der »Fleger« in anderen, nicht-typhusverseuchten Blocks des Krankenhauses versteckt wurden.

GASKAMMER – ein paar Millionen Menschen gingen im Laufe einiger Jahre durch ein paar kleine Räume in Auschwitz und kamen »in Form des Rauchs durch den Schornstein« heraus – wie man im Lager ironisch sagte. Da jedes größere Konzentrationslager über eigene Gaskammern und Krematorien verfügte, kann ihre Zahl in die Hunderte gehen. Architektur des Zwanzigsten Jahrhunderts! »Der gesamte Transport ist ins Gas gegangen.« – »Keine Sorge, wir gehen sowieso ins Gas.«

GONG – Weckruf, Signal für die Arbeit, für den Appell, für den Schlaf. »Steht auf, bessere Gäste, es ist nach dem zweiten Gong.«

HOLZHOF – das berühmte Kommando der »Muslime«, das Holzdepot.

KAPO – (capo), ein Gefangener, der eine Arbeitsgruppe leitet. Er beaufsichtigte die Arbeit, verteilte die Suppe, Prämien und – Stöcke. Er hatte unbegrenzte Macht über die Häftlinge. Die

Güte eines Kommandos wurde vor allem daran gemessen, ob der Kapo gut war, ob es also prinzipiell schlechte Kommandos (Weichseldurchstich) und prinzipiell gute Kommandos (z. B. im Frauenlager tätig) gab. In der Regel hatte jeder Kapo seine eigene »Bude« auf dem Feld, einen Ort zum Ausruhen, Schlafen, Geschäfte-Machen, Saufen sowie für krumme Geschäfte mit den SS-Männern oder für die Pflege der Beziehungen zu seinen »Pipels«. »Wenn der Kapo es dir sagt, musst du es tun.« – »Ich sage dem Kapo, dass du es nicht tun willst.«

KANADA – ein Symbol für den Wohlstand im Lager. Auch ein Kommando, das bei den Transporten ins Lager und zur Vergasung arbeitet. »Jetzt haben wir ›Kanada‹ im Lager, ihr hättet früher kommen sollen, dann hättet ihr es gesehen.« – »Kanada geht zur Rampe hoch.«

KOMIN – Schornstein, ein Synonym für Krematorium und Tod in der Gaskammer. »Du hast es aber eilig, wie ein Jude durch den Schornstein herauszukommen.«

KLAMOTTEN – Trödel, Kleidung. »Heb die Klamotten auf!«

KOMMANDO – ein Arbeitstrupp mit einem Kapo und einem überwachenden »esman« (SS-Mann und Kommandoführer), arbeitet an einer bestimmten Aufgabe oder an einem bestimmten Ort.

KRECA – Krätze, die vierte klassische Auschwitz-Krankheit. Manchmal gingen ganze infizierte Blocks ins Gas (z. B. aus dem FKL, Frauenkonzentrationslager). »Hast du ›kreca‹? Schmier dich mit Tee ein.«

KRANKENBAU – Krankenhaus, das berühmte KB.LAGER.

(Z)LAGROWANY – »verlagert«, eine Person, die nur im Sinne des Lagerlebens denkt und nach der Lagermoral handelt. »Du bist völlig ›verlagert‹.«

LEICHENHALLA – die Leichenhalle des Lagers, in der die tägliche Ernte in vorbildlicher Ordnung gelagert wurde (Leiche an Leiche, hochgestapelt, mit dem Kopf zwischen den Beinen, eine große auf einer großen). Jeder Leichnam war mit einer Totenkarte versehen. Bevor sie ins Krematorium gebracht wurden, wurden die Leichen auf dem Lagerweg ins Krankenhaus so in Reihen hingelegt, dass die auf dem linken Arm tätowierte Nummer für den SS-Mann, der die Identität der Toten überprüfte, deutlich sichtbar war. Abends wurden die Leichen auf einen Wagen mit Hebeladefläche verladen; vor dem Krematorium wurden sie automatisch ausgekippt; der Rest war eine Aufgabe für Juden aus dem sogenannten »Sonderkommando« und – für das Feuer.

MELDUNG – Denunziation, Strafrapport. Das System der Denunziation war unter den Häftlingen weit verbreitet und verzweigt, insbesondere wenn es sich nicht um ein Stück gestohlener Decke, das Rauchen einer Zigarette während der Arbeit oder das Nichtspülen der Schüssel handelte – solche Angelegenheiten waren auch folgenschwer, aber es ging um alte Rechnungen von »alten Nummern (Häftlingen)«, um lukrative Funktionen, um Frauen, um zwischen den Balken verstecktes Gold.

MUSLIM – ein körperlich und geistig völlig zerstörter Mensch, der weder die Kraft noch den Willen hat, weiter um sein Leben zu kämpfen, meist mit Durchfall, Phlegmone oder Krätze, der reif für den Schornstein ist. Die Verachtung, mit der ein »Muslim« im Lager von seinen Gefährten behandelt wurde, lässt sich nicht in Worte fassen. Selbst Häftlinge, die gerne Autobiografien über ihr Lagerleben schreiben, geben nur ungern zu, dass sie einst auch »Muslime« gewesen sind.

ORGANISIERUNG, ORGANISATION – Beschaffung von Lebensmitteln außerhalb der täglichen Ration, egal wie: ehrlich (aus der SS-Küche, aus dem Effektenlager, von der Rampe) oder unehrlich (aus den Rationen der Gefährten). Der Organisator, ein Mensch, der mit solcher Lebensweise vertraut war, verfügte manchmal über großen Reichtum und genoss stets den vollen Respekt und den Neid des Lagers.

PASIAKI – gestreifte Häftlingskleidung aus einem speziellen Material (man sagte: aus Brennnesseln) mit grauen und blauen Streifen. Gut geschnittene, figurbetonte Kleidungsstücke waren ein Zeichen von Wohlstand, Funktion und Wohlbefinden des sie tragenden Häftlings.

PIPEL – ein Junge in den Diensten des Blockältesten oder des Kapos. In der Regel ein Kind, das einen Judentransport überlebt hat. Weibliches Äquivalent: Kalfaktorin.

POST – Wachmann, SS-Mann. Blockführer, d. h. diejenigen, die das interne Leben des Lagers überwachten, wurden bei Vergehen (Menschenhandel, Geschlechtsverkehr mit Frauen usw.) »zu den Posten« zurückgeschickt – sofern sie erwischt wurden.

POSTENKETTA – Postenkette, eine Kette von Wachen, die ein Lager oder eine Arbeitsstelle umgibt. Eine kleine »Postenketta« stand nachts am Lagerdraht. Die große »Postenketta« stand tagsüber (im Falle einer Flucht rund um die Uhr) und umstellte das Lager in einem Radius von mehreren Kilometern.

PROMINENT – oder »der bessere Gast«, ein Häftling in einer guten Position, dem alle Türen offen stehen. Sauber, elegant, mit Sardinen gefüllt, »verlagert«. Ein Begriff mit einem leichten Beigeschmack von Verachtung. Keiner hat sich selbst als prominent bezeichnet.

ROLLWAGA – ein Wagen, der von Menschen geschoben wird. Auf dem Gebiet des Lagers gab es keine Zugtiere. Für das Liefern der Suppe, des Brots, der Kleidung, der Abfälle und der Leichen aus dem Lager ins Krankenhaus setzte man Menschen ein.

REWIR – Krankenhaus, aber nur im Jargon des Frauenlagers, in dem der Ausdruck »KB« nicht verwendet wurde.

SCHUTZHÄFTLING – politischer Häftling, »ochronny: Schutz-«, vorsorglich eingesperrt. Offizieller Titel im Lager (mit der Beilage/Angabe einer Nummer).

SŁUPEK – Pfahl, ein Seil wird durch die auf dem Rücken gefesselten Hände gefädelt, und der Häftling wird dann über eine Rolle an einem Pfosten oder, in Ermangelung einer speziellen Vorrichtung, einfach an einem Querbalken im Block hochgezogen. Ein oder zwei Stunden hängt man auf diese Weise. Die Hände fallen aus den Gelenken, die Sehnen reißen. Der gesamte Vorgang wird als »Słupek« bezeichnet.

SONDERKOMMANDO – ein spezielles Kommando, das ausschließlich aus Juden bestand und im Krematorium eingesetzt war, um Menschen zu vergasen und zu verbrennen. »Wer sollte das Gold haben, wenn nicht das Sonderkommando?«

STÓJKA – Stand. Stehen bei einem sich in die Länge ziehenden Appell. Die längste Auschwitz-»Stójka«: zwei Tage.

STUBE – ein Saal oder ein Teil eines Blocks. »Ich wohne im Block sechs, ›Stube‹ drei, auf der oberen Etage.«

STUBENDIENST – der Kommandant einer »Stube«. Er gab das Essen aus, sorgte für die Sauberkeit der »Stube« und musste selbstverständlich nicht zum Kommando antreten. Uneingeschränkte Macht über einen Häftling.

SZPILA – große Nadel, Spritze, die intrakardiale Injektion von Phenol, mit der in den ersten Jahren in Auschwitz »Muslime« getötet wurden. »Sie sind alle zur Spritze gegangen.«

TRAGA – Tragbahre für Kranke. Auch eine Kiste für den Transport von Brot. Auch eine Bahre zum Tragen von Erde.

TOTENMELDUNG – Sterbeurkunde, ausgestellt vom Krankenhaus – oder, wenn der Tod im Lager eingetreten ist, vom Blockältesten. Sie gibt den Zeitpunkt und die Ursache des Todes an. In den Akten der vergasten Häftlinge: »zum speziellen Vorgehen übergeben.«

TRUPPENLAZARETT – SS-Krankenhaus, das sich innerhalb der großen »Postenketta« befindet. Es blieb bis zum Ende des Lagers unvollendet.

UNTERKUNFT – Lagerdepots, Lagerhäuser, Kommandoname.

VERTRETER – Vertreter des Blockältesten. Faktische Macht im Block (in der Phase, in der Blockälteste den Block repräsentierten).

VERNICHTUNGSLAGER – vernichtendes Lager. Angeblich die amtliche Bezeichnung für Auschwitz.

VORARBEITER – Kapo-Helfer, oder, wie die Engländer einen Vorarbeiter nennen, »foreman«.

WINKEL – ein farbiges Dreieck, das die Art der Straftat angibt und über der Lagernummer auf der linken Brust getragen wird. »Er hat einen Roten Winkel und ist schlimmer als ein Verbrecher.«

WYBIÓRKA – bedeutet die Selektion der »Muslime« ins Gas. Sie fand mehr oder weniger regelmäßig statt – alle vierzehn Tage, obwohl es Zeiten gab (z. B. im Sommer 1944), in denen wegen der Überlastung der Krematorien und Gaskammern keine Selektionen im Lager praktiziert wurden.

WASCHRAUM – generell ein Waschraum. Er wurde jedoch häufig für andere Zwecke verwendet. Der Waschraum im Alten Auschwitz war ein Zuschauerraum für Boxkämpfe und Ringsport. Der Waschraum in Birkenau war Schauplatz von Revuen, die für eine gewisse Zeit im Krankenhaus organisiert wurden, und blieb während der gesamten Betriebsdauer des Krankenhauses ein Sammelpunkt für Muslime, die, nachdem sie in allen Krankenhausblocks selektiert worden waren, zum Waschraum eskortiert wurden und am Abend in Autos zur Vergasung abfuhren.

ZIELONY – Grüner, SS-Mann. Sehr selten verwendet.

ZAUNA – Badehaus, Entlausungsraum. Da er auch zur Entlausung von Kleidung diente, die aus den Transporten kam und von den Häftlingen genutzt wurde, besaßen die in der »zauna« arbeitenden Menschen alles, von Gold bis zu Büchern. Die Frauen wurden geschoren (bis auf die nackte Haut) und ausschließlich von Männern desinfiziert.

Tadeusz Borowski, geboren 1922, gestorben 1951, war und ist einer der großen polnischen Schriftsteller des 20. Jahrhunderts. Er starb mit 28 Jahren an den Folgen eines Selbstmordversuchs, hinterließ drei Gedichtbände und vier Bände mit Erzählungen.

Artur Becker, geb. 1968 in Bartoszyce (Polen), lebt seit 1985 in Deutschland, zurzeit als Artist in Residence im Hotel Lindley in Frankfurt am Main. Er ist Lyriker, Essayist, Romancier, Publizist und Übersetzer. Seit 1989 schreibt er auf Deutsch. Becker wurde mit dem Chamisso-Preis (2009) sowie dem Dialog-Preis (2012) ausgezeichnet und hielt 2020 die Dresdner Chamisso-Poetik-dozentur.

www.arturbecker.de